Peter Lippert

Spiritualität des Alltags

Buchreihe: Theologie im Fernkurs

Herausgegeben
von der Domschule Würzburg

Band 11:
Peter Lippert, Spiritualität des Alltags

Peter Lippert

Spiritualität des Alltags

Herder
Freiburg · Basel · Wien

Dein Antlitz will ich suchen, Herr (Psalm 27,8)

Imprimatur. – Würzburg, den 5. Juli 1985
Der Generalvikar: Heribert Brander
Herstellung: Freiburger Graphische Betriebe 1985
ISBN 3-451-20540-8

Inhalt

Vorwort

Ein Vorwort pflegt meist etwas darüber zu sagen, was der Verfasser eines Buches mit dem Buch will. Warum schreibe ich dieses Buch? Wie so oft, entstand der Plan hierzu aus Gesprächen (im Zusammenhang mit der Beratungsarbeit für den Würzburger Kurs „Theologie im Fernkurs“). Die Absicht war, ein Buch zu schreiben, in dem das Thema „Fromm-Sein“, geistliches Leben, Spiritualität sehr entschlossen von der Erfahrung des Alltags, und auf Alltagserfahrungen hin, besprochen wird. In den letzten Jahren sind viele Bücher über das geistliche Leben geschrieben worden. Längst vorbei ist die Zeit der „Fragezeichen-Bücher“ (so etwa: Wo ist Gott? Lebt Gott? Wer ist dieser Jesus? Brauchen wir eine Kirche? Können wir noch beten?). Viele Menschen suchen die Bejahung, die Affirmation, die These. Und zudem hat sich die Lesevorliebe religiöser Menschen stark vom Nachdenken abgewandt. Nicht so sehr Reflexion als Besinnlichkeit ist gefragt. Das ist gut und ungut zugleich. Über die Frage, was denn das Nachdenken dem geistlichen Leben hilft, wird in dem Buch auch zu reden sein. Aber zurück zur Situation. Es gibt so viele geistliche Bücher. Es sieht allerdings so aus, als ob viele unter ihnen den geistlich willigen, aufgeschlossenen Durchschnittsmenschen vergäßen. Den Menschen, der sich auch, und vielleicht gerade, in der Lebensmitte fragt, wieweit bist du eigentlich, wo stehst du mit deinem religiösen Bemühen? Den Durchschnittsmenschen, der sich von soviel beschriebenem Tiefgang, von soviel meditativem Feinsinn zwar auch angeregt, aber doch auch entmutigt fühlen kann. Mir jedenfalls geht es so. Da bin ich nun fast dreißig Jahre im Kloster; meine Priesterweihe liegt fast fünfundzwanzig Jahre zurück. Und kürzlich kam mir in einer Gesprächsrunde bei Ordensschwestern die durchaus ernst gemeinte Bemerkung auf die Lippen: „Da ist man dreißig Jahre im Kloster und ist noch immer ein Anfänger". – Diese Erfahrung, die mich manchmal eher verwundert als enttäuscht, daß Durchschnittlichkeit offenbar wirklich die Form ist, in der sehr, sehr viele Menschen (die meisten?) ihren Weg zu Gott gehen, steht sicher prägend hinter dem Vorhaben des Buches, etwas zur Frömmigkeit im Alltag zu sagen.

Dazu kommt ein zweiter Befund. Der Alltag, die Fristung des Lebens, die Sorge für den Lebensunterhalt und die praktische Organisierung des äußeren Lebensverlaufs, mit Busfahrten, Behördengängen, Arztbesuchen, Terminverpflichtungen bei vielen „zweitrangigen", aber dringlichen Anlässen, die Wetterfühligkeit und ein unausgetragenes Problem mit dem Nachbarn, winterliches Glatteis oder eine Hitzewelle, dies alles nimmt die meiste Zeit im Leben vieler Menschen ein, und es verbraucht auch die meiste Energie. Die Frage stellt sich nun, ob in diesem gezwungenermaßen zu 90 Prozent alltäglichen Leben die Ausschau nach Gott, die Auseinandersetzung mit theologischen Fragen, das Gebet, in den verbleibenden 10 Prozent des Lebens ein Sonderdasein führen muß oder ob es nicht doch möglich, ja sogar das Grundziel eines Lebens ist, diesen Alltag im Glauben zu bestehen und von Glaube, Hoffnung und Liebe durchformen zu lassen. Aber wie macht man das? Wie geht das, Gott immer mehr lieben und das „suchet zuerst das Reich Gottes", wenn einer jeden Tag müde in seinem Vorortzug sitzt, eine Stunde Fahrt in einem verqualmten Abteil vor sich, dann die Monotonie des Zuhause, die Nervosität der Frau, das Gequengel der Kinder? Oder wenn sich, umgekehrt, die Frau auf das Nachhausekommen des Mannes gefreut hat, sich bemüht, ein wenig Wohnlichkeit und Wärme zu schaffen, und er sieht das alles nicht, weil er überarbeitet und wortkarg ist? Wo bleiben dann noch die hohen Worte von „Spiritualität", wo und wie hat das Fromm-Sein im Alltag noch Platz?

Natürlich kann die ganze Antwort nicht gegeben werden. Die muß vielmehr gesucht werden. Und da ich ein Theologieprofessor bin, der in einem Kloster lebt, kann ich noch nicht einmal alle Erfahrungen von Alltag, die die meisten Menschen in Atem halten, teilen. Aber auch ich weiß, daß für die hohen und tiefen Dinge des Lebens – selbst im Kloster – neben dem alltäglich Notwendigen oft nur sehr wenig Zeit bleibt. Daß manche Zeit und Nervenkraft für Nebensächliches verschlissen werden muß, weil so das Leben ist. Wie also Gott im Alltag suchen, den Nächsten im Alltag in diese Gottesbeziehung mit hineinnehmen? Es ist eine Suche. An dieser Suche möchte sich dieses Buch beteiligen.

Dabei wird das eigentlich Entscheidende bereits irgendwie voraus-gesetzt: die Sehnsucht, der Wille und das grundsätzliche Einverständnis, ein Christ sein zu wollen. Eine Begründung des Glaubens wird hier also nicht versucht. Das ist in einer nachchristlichen Welt eine ernsthafte Selbstbegrenzung. Denn in dieser Welt wachen wir, wie einmal von einem sehr gläubigen Seelsorger gesagt wurde, gleichsam jeden Morgen spontan zunächst als Atheisten auf und müssen uns immer wieder neu in den Glauben hineintasten. Nun mag mancher eine solche Formulierung als übertrieben ansehen, und nur ein Teil heutiger Christen mag sich darin wiedererkennen. Die Tatsache, daß diese Formel überhaupt gesagt werden konnte, zeigt, wie wenig selbstverständlich das Glauben ist. So wird die Frage nach der Glaubensbegründung akut. Aber nicht jedes Buch kann sich alles vornehmen.

Ich möchte diese Seiten den Menschen widmen, die für mein Leben wichtig geworden sind: zuerst meinen verstorbenen Eltern, deren Nähe mir bis vor zweieinhalb bzw. einem halben Jahr geschenkt war; dann meinen guten Freunden innerhalb und außerhalb meines Ordens, denen also, die mit mir am 8. Oktober 1984 meinen Vater zu Grabe getragen haben oder mir in diesem Zusammenhang ihre guten und helfenden Worte schrieben. Und ich möchte diese Seiten den Mitbrüdern meiner Kölner Ordensprovinz widmen. Die Weggenossenschaft all dieser Menschen hat mich geprägt, und was an Spirituellem in diesem Buch erzählenswert sein sollte, habe ich vor allem ihnen zu danken. Ich verbinde damit auch ein Gedenken an die vielen Menschen, zu denen mich meine Wege als Seelsorger oder als theologischer Lehrer geführt haben. Die Anregungen und Ermutigungen, die von ihnen ausgingen, sind aus dem ganzen Bild ebenfalls nicht wegzudenken. Am Schluß danke ich denjenigen, die den Entwurf dieses Buches gelesen und mir durch ihre Kritik geholfen haben, dasjenige besser oder einfacher zu sagen, was ich meinen Lesern sagen wollte.

Rom, im März 1985 *P. Peter Lippert* CSsR

I. Annäherung

1. Kapitel
Über geistliche Dinge reden – Spannungen und Aufgaben

Während ich dieses Kapitel schreibe ... Randnotizen

Nein, ich führe kein Tagebuch. Nicht für mich. Noch viel weniger dächte ich daran, Autobiographisches planmäßig zu veröffentlichen. Doch ich möchte ein paar Blicke in meine Situation vorausschicken, um mir, vielleicht auch um den Lesern den Hintergrund deutlich zu machen, aus dem heraus ich jetzt gerade schreibe. „Jetzt", das ist Ende Januar 1985. Da steht das abgelaufene Jahr noch sehr deutlich vor mir. Vieles daraus ist schon fast vergessen. Aber manches bleibt noch lebendig.

Da ist erstens die pastoraltheologische Erkundungsreise nach Brasilien, die ich im Sommer 1984 unternahm. Sechs Wochen lang reiste ich, schaute und hörte ich zu, es war eine Fülle von Erträgen. Die Reise hat mich sicher tief geprägt. Obwohl ich keine tieferen Freundschaften geschlossen habe wie Jahre früher im Zusammenhang mit einer Reise in die Indonesienmission meiner Ordensprovinz, gab es Begegnungen, Kontakte, Einsichten. Voraussichtlich wird es auf dem Generalkapitel unseres Ordens im Herbst dieses Jahres manches Wiedersehen geben, und darauf freue ich mich; wird es dort manches bessere Verstehen geben, und dafür bin ich dankbar.

Das Zweite, das mich noch betroffen macht, ist der Tod meines Vaters im Oktober letzten Jahres. Ich stand ihm sehr nahe, und nachdem meine Mutter knapp zwei Jahre früher gestorben war, er und ich unsere Gemeinsamkeit „Hinterbliebener" erfuhren, fehlt er um so mehr. Nun ist niemand mehr da, mit dem ich Erinnerungen meiner ersten Lebenshälfte, und viele Eindrücke auch nach meinem Ordenseintritt, austauschen könnte. Den Vater in den langsamen Tod begleiten, kaum daß Mutter tot war, den Prozeß begleiten, den Weg mitgehen, eine merkwürdige Erfahrung, aber sicher keine folgenlose ...

Das Dritte, das mir das letzte Jahr brachte, sind neue Aufgaben in meiner Ordensgemeinschaft. Das bringt Verantwortung, Abwechslung, Interessantes, Streß auch, auf jeden Fall: es verändert den Blickwinkel.

Nein, das war für uns alle kein Orwell-Jahr, das Jahr 1984. Für mich aber war es ein Markierungspunkt, eine Zäsur. Es wirkt in die Gegenwart hinein. Es begleitet mich in die jetzige tägliche Hektik, die dadurch entstehen mußte, daß unsere Gemeinde, unser Konvent innerhalb des großen Seminarbaus in einen ganz anderen Gebäudeteil umziehen muß. Die Korridore stehen voller Kartons, immer muß irgend etwas geregelt werden, es wird noch strapaziös sein, ehe wir – „se Deus quiser" (ein Lieblingswort in Brasilien – wenn Gott will) – im Sommer wieder aus dem Exil herausdürfen. Daneben natürlich: Vorlesungsbetrieb, Seelsorge, business as usual, und dann soll man also ein geistliches Buch schreiben ...

1. Das Ideal und die Wirklichkeit

Ich habe den Eindruck, es gibt, was das „Ankommen" von Worten oder Gedanken betrifft, unterschiedliche Bedürfnisse (unter anderem Blickwinkel spricht davon auch das achte Kapitel). Es gibt Menschen, die positiv auf die hohe Formulierung, auf das Über-Reale, auf das Ideale, reagieren. Weder im Theater (mit den Desillusionierungen, die es schon vor vierzig Jahren bei Paul Claudel oder Thornton Wilder durch den Sprecher gab) noch beim Hören einer Predigt schätzen sie das Nüchterne. Sie dringen, wie es scheint, auf den Grund einer Sache vor, wenn sie sich verzaubern lassen können. – Anders andere Menschen, und von denen gibt es wohl sehr, sehr viele. Sie empfinden zwischen der geschliffenen Deklamation und ihrem Alltag eher den Unterschied. Sie mögen geistliche Reden nicht, die nicht um die Banalität des Alltags wissen und denen man das nicht anmerkt. Sie möchten den Redner, Schreiber oder Prediger oft und gern fragen: Hör mal, glaubst du das denn selbst, *so wie du das sagst,* oder hast du deinen Gedanken erlaubt, zu Formeln zu gerinnen, zu Formeln, denen du ehrlich zustimmst und die trotzdem auf mich so lebensfremd wirken ...?

Wer über geistliche Dinge spricht, sollte wohl wirklich nicht so schnell sein mit dem Eintauchen in die göttlichen Geheimnisse, mit dem Lobpreis der Größe Gottes, mit der Tröstungskraft des Glaubens, mit den Positiva der Kirche, mit ... Das alles ist wahr, es trägt das Leben eines Christenmenschen oder einer Lebensgemeinschaft von Glaubenden (Familie, Gemeinde, Gruppe, Ordenskovent), aber eben erst – im Letzten. Im Vorletzten ist dies alles ja entstellt, verzerrt durch Gegenerfahrungen vielfacher Art. Und nochmals, wie im Vorwort angedeutet: wahrscheinlich machen sich viele hauptberuflich verkündende, Theologie lehrende oder religiöse Bücher schreibende Leute gar nicht klar, wie schnell das Reden von Gott auf den „Normalmenschen" wie eine Überdosierung eines Medikaments wirken kann. Soviel davon vertragen gar nicht alle, und die Überdosis kann Widerwillen wecken. Sagte eine nachdenkliche, gläubige Frau einmal: „In der Messe wird soviel von Gott gesprochen, das kann man gar nicht alles so einfach in sich aufnehmen."

Da könnte sich eine Folgerung anbieten: vom Religiösen nicht zu hoch, nicht zu feierlich, nicht zu idyllisch reden, und: vom Religiösen nicht zuviel, zu massiv reden! Ich glaube, diese Folgerung hat recht. Dennoch muß ich einschränken: geistliche Rede kann nicht nur das „real existierende Christenleben" abschildern. Sie kann nicht nur beschreiben, wie es jetzt ist, wie die meisten es jetzt erleben, dieses Helldunkel zwischen großzügiger Hingabe und Egoismus, das im (immer trügerischen!) Durchschnittswert wie eine mittelmäßige Note wirkt (eben: „befriedigend", mehr nicht). Geistliche Rede muß auch weiterweisen, sie machte sich sonst zur Komplizin der Sünde der Trägheit. Sie muß sagen: Es gibt noch mehr, und du hast immerhin die Pflicht, dich daraufhin zu befragen, wo die Möglichkeiten deines Mehr liegen! So wird geistliches Reden die Spannung zwischen Ideal und Wirklichkeit erleben, und es wird sie aushalten müssen ...

2. Zum Tun ermuntern und zum Loslassen ermutigen

Es ist noch nicht allzulange her, da wurde geistliche Rede mit moralischer Rede verwechselt, von Rednern und Hörern. Das war so grundfalsch gar nicht, denn die Bibel ist voll von Ermahnungen, und manche ihrer Bücher haben Stellen mit ernsten Drohungen. Die Bibel ist gewiß als Ganzes kein Drohbuch, und darin haben frühere „Höllenprediger" die Weichen doch wohl falsch gestellt. Aber es gibt die prophetischen Unheilsworte; es gibt die Bekehrungspredigt Jesu, nicht nur die des düsteren Täufers; es gibt die Lasterkataloge in den neutestamentlichen Briefen, wenn man auch heute diese nicht so sehr Paränesen (Mahnreden), sondern Paraklesen nennt (Mahnungen verbunden mit Ermunterungen). – Es gab dann später den Schlachtruf: Weg vom Moralisieren! Was wir brauchen, ist die Christusverkündigung, Christentum ist nicht nur Moral, ist es sogar nicht einmal in erster Linie. Aber wie die Dinge so gehen: auf dem Umweg über eine menschliche, brüderliche Christologie (Jesus, der Mann aus Nazaret, der Freund der Zukurzgekommenen) kam auch das Moralisieren wieder auf. Zur Zeit tobt es sich heftig aus – nicht auf den früheren Feldern, beim sechsten Gebot, beim Gehorsam und der Botmäßigkeit oder in der Abqualifizierung von Nichtkatholiken, Heiden und Juden, Fernstehenden. Aber auf neuen Äckern wird moralisiert wie eh und je: Umwelt, Friedensfragen, Randgruppen, Ausländer bei uns – ständig werden wir ermahnt (nur sind an die Stelle eines Teils der Prediger die Journalisten getreten), ständig macht man uns ein schlechtes Gewissen, ständig werden Vertreter des Bösen gezeichnet, wie weiland in der guten alten Zeit früheren Moralisierens, nur: auch heute sagen die Moralisten nicht, wie man es denn besser machen solle, und helfen nicht dabei, die innere Trägheit, den Egoismus, ja die – Sünde, einzudämmen.

Geistliche Rede wird demgegenüber einerseits wirklich zum Tun ermuntern und – ermahnen müssen. Glaube ohne die Werke ist, wie der Jakobusbrief schreibt und wie auch Paulus mit anderen Worten sagt, wirklich tot, nicht lebenbringend. So muß geistliche Rede auch der sicher immer irgendwo gesuchten Selbstzufriedenheit einen Stachel setzen, muß auch sagen: Du sollst! Dennoch: das Reden von religiösen Dingen wird nicht vergessen dürfen, daß der geistliche Weg nicht nur dies ist: sich mühen; alle Kraft anspannen; Normen beobachten; das Gute tun und das Böse lassen. Denn Christsein kommt schon vom Wort her von Christus, bedeutet eine Christusbeziehung, bedeutet Nachfolge. Das schließt Askese, Verzicht, Härte, durchaus ein und nicht etwa aus. Doch kommt es auf den Zusammenhang an. Und dies noch scheint mir wichtig: Was uns abgefordert ist, das ist nicht nur Tun, sondern ebensosehr auch Lassen, Loslassen. Einen geliebten Menschen verlieren, durch Tod oder durch zerbrochene Beziehungen; alt werden und die Zeit verrinnen spüren; Mißerfolge erleiden und Pläne scheitern sehen; überall auf Grenzen, auf Zerbrechliches stoßen – das zu bestehen, und zwar so, daß ich mich nicht in ohnmächtigem Zorn aufbäume, sondern dem allen einen Sinn zutraue, ja darin ein Grundgesetz des Lebens erkenne, das ich – ungern, gewiß, aber entschlossen – annehme, dies zu lehren, dazu zu ermutigen, auch das ist Auftrag geistlichen Sprechens.

Mehr noch: das Leben ist nicht nur Mühe, planvolle Anstrengung, ist auch nicht nur Mühe und dazu das Loslassen. Das Leben ist immer auch Geschenk. Auch in der Erfahrung! Es war ein junger Mann, der kürzlich in einer Runde meinte: „Das Leben ist voller Geschenke." Sicher gälte es, dafür hellsichtig zu werden. L. Boff zählt in seiner Gnadenlehre unter den Möglichkeiten, Gnade zu erfahren, als erstes auf: Es ist eine Gnade, daß wir existieren. Der Christ nimmt nichts Gutes als selbstverständlich oder als bloß eigene Errungenschaft. Er weiß sich durchgehend beschenkt. Im Strom der biblischen Gotteserfahrungen weiß er, alles Entscheidende ist Geschenk: die Zuwendung Gottes zu ihm persönlich und zu allen, die Vergebung der Sünden, die Überwindung des Todes, „wenn er auch gestorben ist", die Vertreibung der Dämonen, die Heilung der Dunkelheiten des Lebens, das Fähigwerden zur Liebe durch empfangene Liebe, all dies ist lebensentscheidend. Gleichzeitig aber gilt, um mit Paulus zu sprechen, daß wir uns dessen nicht „rühmen" dürfen. Es fällt uns zu, wie den Kindern Israels der Exodus, die Landnahme, die Stadt, der Tempel, die Tora zugefallen sind.

Weil das so ist, darum verbleibt das geistliche Reden in der Spannung zwischen Mahnung/Ermunterung zum Tun und der Ermutigung zum Loslassen, aber auch in der Spannung zwischen dem Ansporn zum Tun und dem Hinweis auf das Sich-beschenken-Lassen als wichtiger Grundwirklichkeit.

3. Darlegen und belehren, aber auch sich einbringen und bezeugen

Das Reden über Religiöses, die „fromme" Rede, steht manchmal unter der Erwartung, hier hätte nur oder fast nur das Gefühl, vielleicht auch die Poesie ihren Platz, nicht aber der Verstand, das heißt das Nachsinnen, das Überlegen (obwohl es immerhin in der Verkündigungsszene bei Lukas heißt, Maria hätte überlegt, was der Engelsgruß zu bedeuten hätte ...). Dann mag es schnell als ungeistlich, unfromm gelten, eine geistliche Aussage oder eine religiöse Praxis auf ihre „Richtigkeit" hin zu befragen. Von einem ganzheitlichen, auch von einem katholischen Menschenbild her ist das eigentlich sehr schlimm. Denn nichts in der Bibel berechtigt uns, für einen „Teil" des Menschseins gegen den anderen Partei zu ergreifen, im Gegenteil: Wer meint, er könne auf seiten des „Geistes" gegen den Leib und die Triebstruktur des Menschen kämpfen und er kämpfe so den „guten Kampf", oder wer meint, im Kielwasser von C. G. Jung auf seiten des unbewußten oder der „anima" gegen den „animus" bzw. die Ratio vorgehen zu sollen, oder wer glaubt, je unrationaler es zugeht, desto frömmer sei man dabei, der kann sich auf alle möglichen geistigen Strömungen in der Menschheitsgeschichte berufen, nur auf die Bibel sollte er sich nicht stützen wollen.

Geistliche Dinge besprechen heißt *auch* nachdenken. Von geistlichen Dingen reden heißt auch darlegen, belehren. Die große Mystikerin Teresa von Ávila hielt sehr viel von dem Urteil gelehrter Theologen über geistliche Erfahrungen. Im Judentum steht das „Lernen" (der Tora) hoch im Kurs, die Synagoge ist nicht nur Bethaus, sondern als beit ha knesset, d.h. Versammlungshaus, auch „Lehrhaus“ (jiddisch: Schul). Natürlich ist es schlimm, wenn viele Theologiestudenten in ihren Vorlesungen keinerlei Glaubenshilfe erfahren, und dies ist leider noch heute so, nicht nur zu Zeiten der geschmähten neuscholastischen, gar lateinisch dozierten Theologie ... Doch kommt das geistliche Reden ohne den Aufweis, das Entschlüsseln der Schrift (auch dort, wo es Mühe kostet), ohne das Bedenken der Glaubenswahrheiten und – ganz wichtig! – ohne die denkende Vermittlung von Glaubensgut und heutigen Erfahrungen sicher nicht aus.

Diese Forderung schließt das Gefühl nicht aus, sondern ein. Von Gott reden, stammeln (weil er Geheimnis ist), ihm singen und in die Hände klatschen, das alles erschöpft sich gewiß nicht im Lehrmäßigen, im Logischen, in dem, was des Verstandes ist. Da muß es das Gefühl geben dürfen, Lust- und Unlustgefühle angesichts Gottes (!), Hoffnung und Klage; da muß es beim Reden über die Dinge Gottes aber auch das Persönliche neben dem Allgemeinen geben. Das bedeutet: Wer über Geistliches redet, darf sich nicht hinter der korrekten theologischen These verstecken. Er darf nicht meinen, wenn's nur wissenschaftlich war, wird es schon die Herzen bewegen. Also muß er sich selbst einbringen. Die Psalmisten konnten rufen: „Kommt her, ihr alle, und seht, was mir der Herr Gutes getan!“ Man nennt diese freiwillige und bewußte Verwicklung der Person dessen, der da von Gott redet, in sein Reden, man nennt dies biblisch das „Zeugnis“ – da steht einer für etwas ein, das er sagt, er bezeugt es, und er sagt dazu: Ich. – Wohl alle wissen, daß es dabei auch Einseitigkeiten geben kann, psychisch Ungesundes und Übertreibungen. Man braucht nur auf die Erweckungsbewegungen und Sekten zu schauen. Und gewiß: den Predigthörer am Sonntag interessiert als Glaubenshilfe wohl nicht zuerst die augenblickliche religiöse Befindlichkeit des Predigers. Aber egal wird es vielen dann doch nicht sein, zu sehen, zu spüren und zu hören, was denn diese Botschaft im Leben dessen bewirkt und „angerichtet“ hat, der sie verkündet ... Die Spannung zwischen Belehren und Bezeugen bleibt, und sie will ausgehalten werden.

4. Den Leser bestätigen und in Frage stellen

Eine letzte Spannungseinheit ist zu nennen, die immer dort akut wird, wo es ums Reden von religiösen Dingen geht: der Leser/Hörer soll bestärkt bzw. bestätigt und zugleich in Frage gestellt werden. Hinter diesem einfachen Satz stehen zweierlei Erkenntnisse, die sich – glücklicherweise, doch wohl nicht zufälligerweise – gegenseitig bestätigen. Einmal: nach katholischer Anthropologie und Erbsündenlehre ist der Mensch immer ein Stück heil geblieben bzw. ein Stück erlöst und doch andererseits immer ein Stück Sünder, Lernender oder noch unterwegs Pilgernder. Also kann die geistliche Rede ihm weder sagen: Du liegst total schief!, noch: Bleib so, wie du bist! – Die Erfahrung lehrt, daß diejenigen, die der christlichen Botschaft noch zuhören, in der Tat mit ihren Mitmenschen bestimmte Grunderwartungen und -sehnsüchte teilen. P. M. Zulehner fand heraus, daß es sich dabei um Beheimatung, Individualität und Entfaltung handelt. Dies etwa erwarten sich Menschen vom „Leben", und die christliche Botschaft von Jesus, der kam, „damit sie das Leben haben, und es in Fülle haben", hat hier doch wohl einiges zu bestätigen. Doch nein, nicht nur zu bestätigen, sondern zu überbieten. Sie verspricht mehr, als Menschen sich erwarten möchten: endgültige Beheimatung, ins Ewige bewahrte Identität und Entfaltung in der ans Unendliche reichenden Liebe.

Doch ergeht diese überbietende Bestätigung an Menschen, die dem Geschenkten noch nicht gewachsen sind, an begrenzte, unbeholfen lernende Wesen und an Sünder. Wohlgemerkt: ich bezweifle, daß die Sünde das einzige ist, das der geistlichen Rede auch gebietet, den Hörer in Frage zu stellen. Es gibt daneben noch manche Faktoren, die zum Ausruf zwingen: Du darfst so – um Gottes willen, um deinetwillen und um der Mitmenschen willen! – nicht bleiben: Unreife, aber auch Unerfahrenheit, Dummheit, die auch schaden kann ... So muß geistliches Nachsinnen auch bereit sein, diese Spannung auf sich zu laden: die ermutigende Bestätigung zu verbinden mit dem liebevollen, doch deutlichen: Überleg doch mal, ob das so weitergehen darf, bis zum: Es ist dir nicht erlaubt! Selbst dies kann wichtig werden, um weiterzuführen, dem Angesprochenen zu helfen, aufzubrechen ...

5. Ausblick

Dort, wo es einer Predigt, einem Gespräch, einem Buch, kurz dort, wo es Menschen gelingt, so von religiösen Fragen zu sprechen, daß sich dies miteinander verbindet: die Wirklichkeit kennen und ernst nehmen und „das, was vor mir liegt" (Paulus), anvisieren; Tun und Loslassen, Sich-Mühen und Beschenkt-Sein wahrzunehmen und zu fördern; zu belehren und die Wärme persönlicher Nähe im Zeugnis aufscheinen zu lassen; schließlich: zu bestätigen und in Frage stellend weiterzuführen – dort wird religiöse und geistliche Rede „gelungen" sein. Was sich dann im Angesprochenen als wahrnehmbare Veränderung „tut", das muß offengelassen und dem überantwortet werden, um den und dessen Liebe es geht, wenn wir „Spiritualität" sagen ...

II. Eine Spiritualität für die achtziger Jahre

2. Kapitel
Geistlich die eigene Zeit sehen

Während ich dieses Kapitel schreibe ... Randnotizen

Ich habe nicht vor, jedem der Kapitel Randnotizen vorauszuschicken. Das soll nur dann geschehen, wenn mich etwas „bewegt". Das ist heute der Fall. Heute, das heißt Aschermittwoch 1985. Heute, das heißt für mich: seit zwei Tagen bin ich wieder einmal in Rom. Seit siebzehn Jahren halte ich hier jedes Jahr im Frühjahr Vorlesungen. Das bedeutet Umstellungen: Sprache, Klima, Hörer. Das Leben hier in unserem Generalatshaus ist mir schon so vertraut, daß es wie eine zwei Heimat ist. Aber nach zehn Monaten Abwesenheit gibt es doch auch Änderungen. Im nahegelegenen Haus von Ordensschwestern ist eine der Pförtnerinnen gestorben. Die brutale Kälte (eine Woche lang nachts bis zu zehn Grad unter Null) hat in unserem Garten einen Mimosenbaum erfrieren lassen, der in all den Jahren immer der erste Frühlingsbote gewesen war, nichts hielt ihn bisher davon ab, Mitte Februar zu blühen. In den Straßen unseres Stadtviertels ist das eine oder andere Geschäft nicht mehr da. Was mag aus dem alten Herrn geworden sein, der mit seiner Tochter ein kleines Lederwarengeschäft betrieb (es war schon letztes Jahr verschwunden), was aus der alten Frau mit ihrem kleinen Schallplatten- und Spielzeugladen in unserer Straße, das ich dieses Jahr zum ersten Mal vermisse? Gestern morgen prallte eine Boeing 727 der Iberia vor der Landung in Bilbao an einen Berg; es gab 148 Tote, keine Überlebenden. Wie begehen deren Angehörige heute den Aschermittwoch? Was wird für viele Menschen, für mich, aus dieser „österlichen Bußzeit" werden, was wird sie bringen? So wenig wie in vergangenen Jahren? Wie weit wird es gelingen, mich selber, trotz Grenzen und Schwächen, trotz bloß bescheidener und doch nur halb gehaltener Vorsätze, mich selber ein wenig einzuholen, zu finden, zu

„vertiefen“? Eigentümlich, wie „positiv“ sich die Liturgie gebärdet, das Stundengebet etwa, das gerade für die Fastenzeit aus den Psalmen Leitverse entnimmt und mir heute zu beten vorlegt wie die folgenden: „Mein Herz ist bereit, o Gott. Ich will dir singen und spielen“, oder: „Lobe den Herrn, meine Seele, und vergiß nicht, was er dir Gutes getan hat.“ Das Evangelium des Tages enthält die Mahnung Jesu, „wenn ihr fastet und Buße tut, macht kein finsteres Gesicht wie die Heuchler!“ Die Fürbitten sagen in durchaus nicht „gewohnter“ Weise zu Gott, er möge mit uns den Anfang machen, damit bei uns etwas geschieht: „Wende dich uns zu, damit wir uns zu dir bekehren ...“ Nein, es ist schon dumm, wenn auch liebenswert dumm, im Karneval zu singen: „Am Aschermittwoch ist alles vorbei“. Aber es wäre auch falsch, sich von einer neuen Fastenzeit nichts zu erhoffen. Und so ist dieser Tag auch ein gutes Datum, um an ihm die Gedanken dieses Buches weiterzuführen ...

1. Unser 1985 – Gottes 1985?

a) Unser 1985

Es ist schwer, heute kein Pessimist zu sein. Es ist aus zwei Gründen schwer. Es gibt soviel Dunkles, Dämonisches in unserer Zeit, und wir sehen es immer wieder vor uns. Die Szenen aus den Hungerlagern Äthiopiens etwa sind da. Die großen Anfragen an Gott, wie sie gläubig im Buch Hiob und grollend in Wolfgang Borcherts „Draußen vor der Tür“ laut wurden, wollen sich im eigenen Denken und Fühlen wieder einmal melden: „WARUM?“ – Unter den Gründen dafür, Pessimist zu sein, entdeckt die Besinnung auch den Stachel, genannt „Rüstung und Friedenssicherung“. Gerade dieses Thema könnte noch viel mutloser machen als die eifrigen Friedensverfechter in ihrer häufig gezeigten Selbstsicherheit meinen, sie, von denen manche aus ihren Friedensbemühungen schon etwas werden ließen, in dem sich Rechthaberei, das Basteln an Feindbildern, das Wohlbehagen, gegen „die da oben“ zu sein, längst mit echtem Friedenswillen zu einer doch recht unfriedlichen Mischung vereinigt haben ... Aber natürlich ist selbst dieses düstere Thema nicht der einzige Grund, warum man heute leicht Pessimist sein könnte. Bedrohung der Umwelt, Bedrohung durch Unterentwicklung und Hunger, alles ist so real, und alles hängt so miteinander zusammen, daß man doch nur versucht ist, innerlich den Kopf einzuziehen und zu hoffen, es werde schon irgendwie vorübergehen. Genau diese Einstellung ist sicher ungenügend, vielleicht gefährlich, und bestimmt in den Augen der Engagierten und der Systemkritiker verachtenswert. In der Tat, wie soll es zum Beispiel mit der Weltbevölkerung weitergehen? Schon vor gut zehn Jahren, als ich mit einem deutschen Jesuiten über jene Straßen Mitteljawas fuhr, auf denen sich die wenigen Autos durch ein Meer von Radfahrern hindurchpflügen müssen, sagte der: „Was soll bloß werden, wenn die vielen Kinder, die man hier sieht, wieder Kinder haben?" Jawa ist ein bedrängender Fall; die Insel quillt von Menschen über, jedes bebaubare Fleckchen Erde ist schon bebaut, eine Lösung scheint kaum in Sicht. So ist es aber doch fast weltweit, von unseren lächerlich kinderarmen Ländern abgesehen. Und Regierungen wie Kirchen wissen eher, was nicht weiterhilft als was das Problem lösen könnte ... Kurz, es gibt genug Gründe, Pessimist zu sein, und zwar in den Tatsachen selbst.

Dazu kommt, wie ich meine, noch ein zweites. Unsere Medien lassen nichts unversucht, Angst, Resignation und Pessimismus anzuheizen. Ich weiß, das klingt hart. Aber man studiere die Programmzeitschriften, man findet unfehlbar ein ständiges, schon an totalitäre Propaganda erinnerndes Einhämmern bestimmter Thesen. Und man findet in den Sendungen inhaltlich meist die negative Version des Themas. Längst ist die Rede von der „heilen Welt" zum mitleidig-verachtungsvoll gesprochenen Schimpfwort geworden.

Wie sich dazu stellen? Ein Anti-Pessimismus, der doch wieder die halbe Wahrheit verdrängen müßte, genügte sicher nicht. Es gilt aber wohl, dem Sog des Abgründigen zu widerstehen, sozusagen zeitgeschichtlich schwindelfrei zu werden. Außerdem ginge es um eine Haltung, die wieder wirklich kritisch, d.h. abwägend sein kann. Und nicht nur Christen sollten sich wünschen, daß der hämisch-mitleidlose Ton in vielen Äußerungen zur Zeitkritik überwunden würde, daß ein wenig Ehrfurcht und Erbarmen, auch mit dem Kritisierten und dem Andersdenkenden, in die Auseinandersetzungen hineinkäme.

Wer durch einen Blick in die Lage ratlos geworden ist, für den stellt sich die Frage, ob das alles einen Sinn habe oder, wie man neuerdings häßlich, aber zutreffend sagt, ob das einen Sinn mache. Religiös ausgedrückt: ist unsere Epoche „von allen guten Geistern verlassen“, ist sie aus Gott herausgefallen? Der Hinweis auf die Menschheit mit ihrer langen Geschichte hilft nicht recht weiter: es ist jetzt so, daß es auch plötzlich zu Ende sein kann.

Ein Stück weit hilft der Blick in die Wirklichkeit, die ja auch „Errungenschaften“ unserer Zeit aufweist. Für viele Menschen gibt es immerhin größere Möglichkeiten der Entfaltung, der Bildung, des Reisens. In vielen Ländern ist, Gott sei Dank, Krankwerden nicht gleichbedeutend mit einer finanziellen Katastrophe. Für alte Menschen wird, wie ich aus Erfahrung weiß, sehr viel getan, die beliebte Schmähung der Altenheime geht an einem guten Stück Wirklichkeit vorbei. – Es gibt in vielen Ländern wirklich Freiheit und Bürgerrechte. Es gibt, es gibt ... Nein, unsere Zeit ist nicht nur dunkel. Aus den Befunden ergibt sich also kein Grund, nur Negatives zu sehen, wohl aber eine Art Pattsituation. Hier wagt nun der Glaube seine eigene, allerdings kühne Zuversicht:

– *Erstens:* der Glaubende vertraut darauf, daß alles einen Sinn hat – sowohl das, dessen Sinnhaltigkeit er jetzt schon ein-sieht, als auch dasjenige, das er jetzt nur spontan beklagt.

– *Zweitens:* der Glaubende ist davon überzeugt, daß Gott die Welt so in seinen Händen hält wie eh und je; daß nichts ihm diese Menschheit aus der Hand schlagen kann, auch menschliche Dummheit oder Bosheit oder der Zufall oder eine „Notwendigkeit“ nicht.

– *Drittens:* der Glaubende wird aus dieser Überzeugung heraus so leben lernen, daß er die dunklen Seiten der Wirklichkeit aushält und die hellen Seiten als Geschenk sehen und schätzen lernt. Erst aus dieser Einstellung heraus kann dann erwachsen, wonach sich so viele sehnen und was ohne Glauben wohl nicht erreichbar ist: letzte Dankbarkeit und feste Zuversicht.

Da ich über das Aushalten des Dunklen später sprechen will (im 6. und 7. Kapitel vor allem), so ist noch die Überzeugung zu erläutern, daß Gott nach wie vor die Welt in seinen Händen hält: „He's got the whole world in His hands", singt das Spiritual.

b) Gottes 1985

Der an der Bibel orientierte Glaube von Juden und Christen sieht einen Gott vor sich, der in der Geschichte der Menschen handelt. Diese Überzeugung prägt die Weltsicht und das Gottesbild Israels zutiefst. Dieses Volk war, durchaus im Unterschied zu vielen, vielleicht allen anderen religiösen Weltdeutungen, der Überzeugung:

- daß Gott in der Geschichte seines Volkes und einzelner Menschen handelt;
- daß dieser Glaube durch Erzählen und liturgisches Feiern ins Jetzt hineingeholt werden muß;
- daß dieses Handeln Gottes primär und zuletzt rettendes Handeln ist und nur um dieser Rettung willen Strafe, „Züchtigung" werden kann;
- daß dieses Volk nicht nur an den Anfängen, etwa beim Exodus, sondern auch künftig von Gott begleitet wird.

Texte

„Wenn du in das Land kommst, das dir der Herr, dein Gott, zu eigen geben will ..., sollst du von den Erstlingen aller Feldfrüchte nehmen ... und an die Stätte gehen, die der Herr, dein Gott, erwählt, daß er seinen Namen daselbst wohnen lasse, und sollst ... sagen ...: „Ein umherirrender Aramäer war mein Vater, der zog hinab mit wenig Leuten nach Ägypten und blieb daselbst als Fremdling und wurde daselbst zu einem großen und starken Volk. Aber die Ägypter mißhandelten uns und legten uns harte Arbeit auf. Da schrien wir zu dem Herrn, dem Gott unserer Väter ..., und der Herr führte uns aus Ägypten heraus mit starker Hand und mit ausgestrecktem Arm ... und brachte uns an diesen Ort und gab uns dieses Land" (Dtn 26,3–9).

So kennen gläubige Juden dieses Gebet:

Gepriesen bist du, Herr, König der Welt, denn du hast uns das Leben gegeben, du hast uns am Leben erhalten und hast uns bis hierher geführt. (Jüdisches Gebet).

Das Bewußtsein der Juden hat sich, soweit sie in ihrem Glauben lebten, immer die Offenheit dafür bewahrt, mit dem Handeln Gottes auch jetzt noch zu rechnen. Dabei mag es Deutungsschwierigkeiten geben wie bei der theologischen Beurteilung des Staates Israel; es mag Herausforderungen geben wie den Holocaust. Das ändert nichts daran, daß der jüdische Gläubige immerzu nach dem Handeln Gottes Ausschau hält. Sicherlich hängt dies damit zusammen, daß der Messias, wie sie meinen, noch nicht gekommen ist; da muß man natürlich alles, was geschieht daraufhin beobachten, ob sich nicht sein Kommen bald ankündigt. Christen hingegen haben allzuoft aus dem Bewußtsein heraus, daß der Messias da ist und daß die „Offenbarung abgeschlossen ist", das suchende Interesse für die Anwesenheit Gottes im weltlichen Geschehen verkümmern lassen. Individuell, im Einzelschicksal, mochte das anders sein, aber auch hier hat sich ererbter Glaube an die Vorsehung, denn dies ist ja hier gemeint, allmählich und auch unter dem Einfluß wissenschaftlichen Denkens abgeschwächt und zersetzt. So bleiben nicht wenige Christen im Vergangenen stehen; ihr Glaube an Gottes Anwesenheit läßt diese irgendwie mit Christus vollendet sein, aber auch zu Ende gehen.

Dann aber ist es nicht mehr weit zu Ansichten, die Gott aus der Welt heraushalten, bis er – im Extrem – belanglos wird. Dann ist auch der Weg frei zu jenem Grundpessimismus, über den ich vorhin sprach. Ich halte es aber für sehr wichtig, wieweit auch Christen sich das biblische Erbe und die biblische Hoffnung zu eigen machen können. Gewiß, Christus ist „ein für allemal" zu unserem Heil gestorben. Aber Gott wirkt weiter. Das „Wie" ist freilich ein arges und nicht nur trostvolles Geheimnis. Was es für den Verstand hier zu rätseln gibt, darf im Augenblick offen gelassen werden. Aber daß Gott wirkt, wenn er überhaupt Gott, der Gott der Väter und Jesu ist, daran dürfte es kaum Zweifel geben. So wird sich auch der Christ angesichts der großen Finsternisse unserer Zeit daran erinnern, daß Gott versprochen hat, die Welt nicht mehr zu zerstören, vielmehr verheißen hat, sie zu vollenden. Für einen glaubenden Menschen ist die Erzählung vom Noach-Opfer und vom Regenbogen, den Gott zum Bundeszeichen in die Wolken setzt, eine wirkliche Ermutigung. Die Überzeugung, Christus sei für immer der Herr, wird den Glaubenden vor schierer Verzweiflung bewahren. Er wird dann zwar nicht gegen alle schlechte Realität, aber mitten in einer tief zweideutigen Realität, die Zuversicht wachsen lassen. Er wird überzeugt sein: unser 1985 ist wirklich auch Gottes 1985. Jesus der Christus wird diese Überzeugung immer neu begründen. Der Christ wird sich aus ihr bestärken und dabei mit Schmunzeln feststellen, daß solche Wichtigkeit Christi ungewollt auch dort nochmals bestätigt wird, wo man, scheinbar religionslos, die Jahreszahlen statt „vor oder nach Christus" mit „vor" bzw. „nach der Zeitenwende" angibt (v. d. Z.): in der Tat ...

Texte

Jesus Christus ist gestern und heute derselbe und in Ewigkeit (Hebr 13,8).

Ich bin das Alpha und das Omega, der Erste und der Letzte, der Anfang und das Ende (Offb 22,13).

Christus, gestern und heute, Anfang und Ende, Alpha und Omega. Sein ist die Zeit und die Ewigkeit. Sein ist die Macht und die Herrlichkeit in alle Ewigkeit. Amen (Liturgie der Osternacht, Bereitung der Osterkerze).

Gott, deine uralten Wunder leuchten noch in unseren Tagen. Was einst dein mächtiger Arm an einem Volk getan hat, das tust du jetzt an allen Völkern ... (Liturgie der Osternacht, Gebet nach der dritten Lesung).

2. Maßstäbe gewinnen – zur Unterscheidung der Geister

Wo mit soviel Nachdruck betont wird, Gott handle auch in unseren Tagen und es sei wichtig, ihn dabei zu entdecken, damit wir ehrlich fromm bleiben können, dort stellt sich verschärft die Frage, woran denn zu entdecken sei, daß Gott hier und jetzt seine Pläne verwirkliche. Es ist die Frage, die in der Tradition unter dem Stichwort geht: Unterscheidung der Geister. Bevor aber hierzu etwas gesagt wird, soll nochmals die Aufgabe formuliert und betont werden: es ist wirkliche Christenpflicht, es ist eine geistliche Aufgabe, die Zeichen der Zeit zu lesen. Ein von mir frei übersetzter Text aus einem Dokument Papst Johannes Pauls II. aus jüngster Zeit und ein fundamentaler Konzilstext mögen das unterstreichen.

Texte

Der besorgte Wunsch, den Menschen von heute und die moderne Welt besser zu kennen und sie zu verstehen, ihre Rätselhaftigkeit zu entziffern und ihr Geheimnis zu offenbaren, die Triebkräfte des Guten oder des Bösen zu unterscheiden, die darin am Werk sind, dies alles hat bei nicht wenigen Menschen dazu geführt, ihren fragenden Blick auf diesen Menschen und auf diese Welt zu richten. Es sind die Blicke des Historikers und des Soziologen, des Philosophen und des Theologen, des Psychologen und des Humanisten, des Dichters und des Mystikers; vor allem aber ist es der besorgte, wenn auch von Hoffnung erfüllte Blick des Hirten (Reconciliatio et paenitentia, Nr. 1).

Im Glauben daran, daß es vom Geist des Herrn geführt wird, der den Erdkreis erfüllt, bemüht sich das Volk Gottes, in den Ereignissen, Bedürfnissen und Wünschen, die es zusammen mit den übrigen Menschen unserer Zeit teilt, zu unterscheiden, was darin wahre Zeichen der Gegenwart oder der Absicht Gottes sind (Pastoralkonstitution über die Kirche in der Welt von heute, Gaudium et spes, Nr. 11).

Über diese, uns also aufgegebene „Unterscheidung der Geister" ist von kundigen Leuten viel erspürt und geschrieben worden. Erfahrungen und Theorien haben einen reichen Fundus geschaffen. Einiges davon wird für uns wohl ausscheiden. So hat man sich die genannte Unterscheidung lange Jahrhunderte so vorgestellt, daß wirklich mehrere, von einander unabhängige Geistwesen (also nicht nur ein Teufel) mit- und gegeneinander ringen, um den Menschen zu beeinflussen und zu lenken. Zwischen diesen Geistwesen galt es zu unterscheiden: welche waren gut, welche böse? Man muß wohl kein radikaler theologischer Bilderstürmer sein, um diese Sicht nicht gerade hilfreich zu finden. Die Psychologen, so uneins sie oft sind, sagen uns sehr viel über die Vielzahl von Antrieben, Deutungen, Wünschen und Vorbelastungen, aber auch Chancen und Möglichkeiten unserer Lebensgestaltung. Hier stellt sich die Aufgabe neu: die verschiedenen Wahlmöglichkeiten und ihre Folgen möglichst gut einzuschätzen und den gegebenen, wenn auch begrenzten Raum freien Handelns auszuschöpfen. Erfolgreiche Versuche der letzten Jahre, auch sie an Älteres anknüpfend, haben zudem entdecken gelehrt, daß die „Entscheidungsfindung aus dem Glauben" (neuer Name für die Unterscheidung der Geister) in vielen Fällen am besten gemeinschaftlich geschieht; geeignete Methoden hierfür wurden ausprobiert und beschrieben. Dieses Suchen nach der rechten Sicht und nach dem rechten Handeln darf gewiß kein Luxus für einige geistlich Privilegierte werden. Denn unsere Zeit (ich werde zu ihrer Beschreibung noch einiges sagen) braucht gerade dieses Unterscheidungsvermögen. Ich meine, für uns Heutige wären zu diesem Thema die folgenden vier Punkte wichtig:

– *Erstens:* mit Ignatius von Loyola und dem, was er die „erste Zeit der Wahl" nennt, werden wir sagen können: Es gibt in manchen Fällen gleichsam intuitiv eine völlige innere Sicherheit, was zu tun ist, was recht, was irrig wäre.

– *Zweitens:* mit Ignatius werden wir sagen können: Nicht selten werden Entscheidungen durch ein auch mühsames Abwägen des Für und Wider und im Argumentieren ermöglicht.

– *Drittens:* manchmal ergibt sich die Findung der rechten Entscheidung erst durch eine Art tastendes Sich-Einfühlen in beide Möglichkeiten, die zur Wahl stehen. Wo sich dann innerer Friede einstellt, der sich gar nicht bloß auf Argumente stützt, dort ist die Chance, das Rechte gefunden zu haben (der „Trost ohne Ursache“). Verhehlen wir nicht: Genaue Auslegung des genauen Sinnes der drei Wahlzeiten bei Ignatius und ihres Verhältnisses zueinander ist schwierig und unter Fachleuten strittig. Ob diese drei Punkte nicht dennoch hilfreich sind, auch in so einfacher Form? Kann in der Vielzahl und der Vielschichtigkeit von Situationen heute überhaupt jemand auf die Bemühung verzichten, die Geister zu unterscheiden? Bleibt der letzte Punkt:

– *Viertens:* es ist klug, sich nicht bloß auf das eigene Urteil zu verlassen. Das bedeutet für den einzelnen, daß es sehr helfen kann, kundigen Rat einzuholen. Für eine Gemeinschaft bedeutet dies, sich dort, wo es um gemeinsames Suchen geht, in die gemeinschaftliche Entscheidungsfindung einzuüben – ob es sich jetzt um eine Ordensgemeinschaft, einen Pfarrgemeinderat oder – eine Familie handelt ...

Wenn es darum geht, die Zeit, in der wir leben, zu verstehen, so kommt es auf den Spürsinn an, von dem ich sprach und den die Tradition „Unterscheidung der Geister“ nennt. Aber darüber hinaus kann man doch ein paar allgemeine Aussagen zu unserer Zeit machen. Das sei im folgenden versucht.

3. Was uns prägt – einige Zeit-Zeichen werden beschrieben

a) Wie unsere Welt „wurde“

Die Welt, in der wir leben, ist nicht verständlich ohne einen Blick auf ihre freilich etwas verwirrende Entstehungsgeschichte. Vielleicht herrscht in der Zeitdeutung und der Beurteilung unserer Zeit manchmal soviel Vereinfachung vor, weil viele Menschen ihre Entstehungsgeschichte gar zu wenig oder überhaupt nicht kennen? Nun ist diese Geschichte, kurz als Heraufkommen der Moderne beschreibbar, oft und ausführlich behandelt worden.

Die Bücher darüber sind Legion. Die Frage ist nur, kann man das, was „nachmittelalterlich“ oder „neuzeitlich“ genannt werden kann und was uns alle so oder so prägt, kurz skizzieren? Eine solche Skizze müßte jenen Prozeß beschreiben, der im Abendland seit mehreren Jahrhunderten im Gange ist:

– Die Einheit von Kirche und Welt, von Religiös und Profan lokkert sich immer mehr, in diesem Rahmen auch die weltliche Herrschaft der Kirche. Neue Gesellschaftsschichten (Stadtbürger, Kaufmann), weltliche Kunstwerke, neue Interessen und Erkenntnisse (Wissenschaft) und neue Formen des Zusammenlebens (Handel, Geldwesen) entstehen, und in diesem Prozeß tritt die sichtbare Zuordnung zum Kirchlichen und die wie selbstverständlich leicht gesehene Verbindung zur Sphäre des Übernatürlichen zurück, wird seltener, während das Eigengewicht aller anderen Lebensbereiche zunimmt („Säkularisierung“). Immer häufiger wird diese Lebenssituation, die sich ab dem Spätmittelalter, in der Renaissance, Aufklärung, aber auch in der Romantik und dem technischen Zeitalter immer mehr herausbildet, auch bewußt ohne oder gegen Kirche, Christentum und Religion gedeutet und ausgelegt; viele empfinden, sagen und verkünden: Mein ganzes Reich ist auf dieser Erde („Tout mon royaume est d'ici-bas“ [A. Camus]): Säkularismus. – Die *Bewertung* dieses aufregenden Menschheitsabenteuers fällt sehr unterschiedlich aus. Die einen deuten es als fortschreitenden „Verlust der Mitte“, als Selbstvergötzung des Menschen, die anderen als fortschreitenden Freiheits- und Emanzipationsprozeß.

– Unsere moderne Welt ist eine vom Menschen geprägte Welt, seine Spuren sind überall wahrnehmbar. Wahrscheinlich hat wirklich der biblische Glaube diesen Weltzugriff erst möglich gemacht: durch seine Unterscheidung zwischen Schöpfer (der heilige Gott) und Schöpfung (die nicht selbst sakral oder göttlich ist), die dem Menschen zugewiesen wird, damit er sie bearbeite und bewache.

Auch dieser einschneidende Einfluß des biblischen Glaubens und seines Menschenbildes ist verschieden gedeutet worden: als Freisetzung in eine befreite Anthropozentrik, aber auch, im Zug der „grünen Welle", als eigentliche Ursache für die Misere unserer Umwelt (u.a. Carl Amery, E. Drewermann).

b) Was unsere Welt prägt

Es scheint am günstigsten zu sein, die Zeit-Zeichen und Prägemale unserer Epoche in einige Merkmale zusammenzufassen, bevor wir einen Blick darauf werfen, wie denn in der Kirche auf diese heutige Zeit reagiert wird. Solche Merkmale sind die folgenden:

– *Erstens:* eine Reihe von schubweisen Veränderungen in Produktion und Dienstleistungen, die jeweils im Zusammenspiel neuer wissenschaftlicher Entdeckungen und ihrer technischen Anwendung entstehen und die über eine Serie von „industriellen Revolutionen" (man zählt ihrer drei oder vier) ins Industriezeitalter, ja vielleicht schon darüber hinaus geführt haben (de facto ist das Agrarzeitalter in der Ersten Welt, tendenziell aber eigentlich überall, vorüber, und zwar unumkehrbar).

– *Zweitens:* die so entstandene Welt ist eine Werdewelt; ständig, und zwar mit weitaus größerer Geschwindigkeit als in anderen Kulturformen, sind Änderungen zu registrieren; ständig tauchen neue „Tagesthemen" auf, die Zufuhr an Lernstoff für den einzelnen wächst ständig, die Erfahrungen zwischen den Generationen verändern sich so schnell, daß gemeinsames Denken und Fühlen schwierig wird.

– *Drittens:* das gelebte Alltagsleben des Durchschnittsmenschen gliedert sich in einzelne Lebensbereiche auf, die sich stark nach Zeit, Ort und Verhaltensmuster voneinander abheben. In der kleinen dörflichen Welt gingen sie hingegen fließend ineinander über, die Bereiche von Arbeit, Freizeit, persönlichen Nahkontakten (Ehe, Familie, Freundschaften), Bedarfsdeckung, Weiterbildung (falls vorhanden gewesen), Ausübung der Religion. Diese Bereiche unterscheiden sich heute deutlich voneinander. Das macht es für manche Menschen schwer, ihr Leben als Einheit zu erfahren und zu prägen; überdies ist jetzt Religionspraxis zu einem Bereich unter anderen geworden. Daß der christliche

Glaube das Ganze des Lebens betrifft, muß jetzt eigens eingeübt werden. Außerdem kann es den Anschein haben, daß die Lebensbereiche unabhängig voneinander funktionieren, und eine Zeitlang tun sie das auch – bis menschlich ein Zerfall und religiös ein Zusammenbruch eintritt, wo es nicht gelang, den Alltag und seine Facetten zu einer gelebten Einheit zu bringen.

– *Viertens:* die beschriebene Vielfalt und Kompliziertheit des Lebens hat eine nie gekannte Spezialisierung zur Folge. Man braucht nur einmal Fernsehdiskussionen mit verschiedenen „Fachvertretern" anzusehen – es ist alles so kompliziert, daß der Normalmensch für seine Urteilsbildung überfordert ist. Im Grunde ist er den Experten ohnmächtig ausgeliefert. Denn ihren Behauptungen, die eigentlich für seine Gewissensbildung wichtig wären, kann er nur schwer trauen: ein Experte widerspricht dem anderen. Die Folge ist bei vielen Menschen entweder unkritische Außensteuerung durch den Nächstbesten bzw. durch den oder diejenigen, die am häufigsten ihre Meinung an den Mann und die Frau bringen können, oder aber der Normalmensch wird von einem tiefen Mißtrauen gegen alle Sachkundigkeit gepackt. So aber wird er erst recht anfällig für Irrationales. Selbst in der Theologie, die doch planmäßig das Ganze des Lebens im Licht des Glaubens durchdenken und aufarbeiten sollte, hat die Spezialisierung verheerenden Einzug gehalten. K. Rahner, einer der ganz großen und ganz gläubigen, aber auch ganz zuversichtlichen Theologen, hat einmal die Beobachtung formuliert, in den ersten Jahren unseres Jahrhunderts sei es einem gebildeten und fleißigen Theologen möglich gewesen, das Ganze des theologischen Wissens noch zu überschauen; das sei heute grundsätzlich unmöglich. Was weiß der Exeget im allgemeinen von Religionssoziologie (und sollte davon doch etwas wissen, wenn er z. B. den ersten Korintherbrief auslegt)? Was wissen viele Dogmatiker oder Moraltheologen von neueren exegetischen Erkenntnissen und Problemen? Wer liest die vielen theologischen Fachzeitschriften? Nun könnte man, immer noch zum Stichwort (es „sticht" wirklich!) der Spezialisierung sagen, das sei das Problem der Fachleute. Aber in Wirklichkeit ist von Spezialisierung jeder

Mensch betroffen und getroffen, der sich einfach über sein Leben Gedanken macht oder der seinen Kindern Orientierung auf den Weg mitgeben will.

– *Fünftens:* aus der Vielfalt der Lebensbereiche und Wissensgebiete kommt eine Vielzahl von Erfahrungen, und sie macht es leicht verständlich, daß sich auch vielerlei Lebensdeutungen ausbreiten: wir haben den ideellen Pluralismus anzunehmen. Für die Findung eines eigenen Lebensweges ist es eine Last. Er erschwert es ungemein, sich im Leben zurechtzufinden. Er ist wohl auch eine Chance: er mildert Gängelei und Konformismus, er kann zum Nachdenken und Suchen anreizen, wie er auch überfordern und ratlos machen kann. Doch ist er nicht mehr aus der Welt zu bringen, außer durch Weltanschauungszwang und Diktatur. So leben wir in einer bunten, aber auch ratlosen Welt der vielen Ideen, Verheißungen und Rezepte.

– *Sechstens:* diese Welt, unsere Welt ist deutungsbedürftig. So plural und oft gegensätzlich die Deutungen ausfallen, so entspricht diesem Meinungswirrwarr ein tatsächlicher Befund. Viele gegebene Tatsachen oder Einzelheiten unserer Welt sind zwiegesichtig, sind ambivalent, nützen und schaden dem Menschen gleichzeitig.

Durchsichtige Beispiele scheinen mir Telefon oder Auto zu sein. Das Auto gibt mehr Bewegungsfreiheit; dadurch wird es leichter, daß Menschen Reisen machen, daß Menschen schnell einander treffen können, beruflich oder privat, daß sich die Horizonte weiten. Zugleich aber verursacht das Auto Belästigungen, es zerstört den Anblick alter Städte, verdirbt die Luft und macht Menschen zu Krüppeln. Auch das Telefon ist nicht weniger ambivalent. Kürzlich sprach ich mit einem Freund, der beruflich viel telefonieren muß. Er ist ein nüchterner, aber eben auch nachdenklicher Mensch. Er liebt das Telefon nicht und nicht die Hektik, die es bringt. Ich selbst reagiere anders. Ich habe erfahren, wie das Telefon in Notsituationen helfen kann: wenn es darum geht, über Entfernung einem Kranken ins Krankenhaus zu verhelfen, ihn zu begleiten (Telefon im Krankenzimmer und im Altenheim ist schlicht ein Segen); ich habe auch erfahren, wie das

Telefon menschlichen Beziehungen dienen kann, wie es Freundschaften am Leben hält und vertieft, wie es Menschen zueinanderbringt, aber auch, wie es Alltagsprobleme lösen hilft, vergebliche Fahrten bei Einkäufen sparen kann. Und ich bin ein neugieriger Mensch. Jeder Anruf, der sich anmeldet, hat für mich auch von daher seinen Reiz: wer wird das sein, was wird er wollen? Aber auch ich weiß um das Lästige, Lärmende, Ruhestörende, auch um das Gesprächsfeindliche des Telefons, das in ein laufendes Gespräch hineinschrillt. Das ist die Ambivalenz vieler Dinge. – Es gibt auch die Ambivalenz der Lebensformen. In dem auch verfilmten Roman „Gabriela wie Zimt und Nelken“ beschreibt der Brasilianer Jorge Amado, wie in einem Provinznest des Staates Bahia der zwanziger Jahre ein Kaffeehausbesitzer die Herren- und Tötungsmoral des Machismo, des Männlichkeitswahns, „verletzt“, weil er den Liebhaber seiner Frau, den er in flagranti ertappt hat, nicht umbringt. Zwar verstößt er die Frau, aber deren sehr sinnliche Liebe treibt sie zu ihm zurück, und er nimmt sie auf. Ist das Lockerung der Sitten, ein schwächeres Nein zum Ehebruch? Oder ist es die Überwindung einer Besitzer- und Rachemoral, vor allem auch: einer Moral, die mehr auf Ehre statt auf Gutsein zielt? Es ist wohl – beides. Auch was die Moral betrifft, gibt es nicht einfach ein „Weniger“ oder ein „Schlechter“ bzw. ein „Höher“ oder „Besser“, sondern eine Ambivalenz in vielen Veränderungen. Es wird immer irgendwo ein Stück menschlicher, also moralischer, aber zugleich ein Stück unmoralischer, also doch: unmenschlicher. Das ist die Ambivalenz der Lebensformen. Die Moraltheologen haben, wie mir scheint, darüber noch viel nachzudenken.

c) Typen geistlicher Einschätzung der Moderne

Nachdem wir nach der Entstehung und den Merkmalen der Zeit gefragt haben, in der wir leben, gläubig ausgedrückt also: in die Gott uns hineingestellt hat, sei noch kurz der Blick darauf geworfen, wie diese „moderne Zeit“ im Raum der Kirche gesehen wird. Ich glaube, man kann hier drei Sichtweisen unterscheiden:

– Die vorherrschende Sicht ist die der Abwehr, des Mißtrauens. Das ist verständlich. Allzu vieles in dem, was die Verfechter der Moderne umtrieb, war wirklich Säkularismus (und nicht nur Säkularisierung). Außerdem muß man wohl sehen: wenn schon in der Vormoderne für viele Christen und Theologen die Welt das fast nur Negative war; wenn es fromm war, statt der Geschöpfe Gott zu lieben; wenn die Weltflucht (fuga saeculi) und die Weltverachtung (contemptus mundi) als christliche Tugenden galten, das Leben im Stofflichen hingegen als der gerade noch tolerierte Kompromiß – kein Wunder, daß die nicht mehr mittelalterlich-religiös geprägte Welt, sondern die „weltliche Welt" der Moderne weithin der Ablehnung begegnete.
– Das wurde mit dem Konzil auf sensationelle Weise anders. Aufgrund des II. Vaticanums und in teilweisem Mißverstehen bildeten sich zwei Haltungen heraus. Es gab einerseits eine naive Weltfreudigkeit und „Öffnung zur Welt". Fritz Schamoni hat sie in seinem Film „Alle Jahre wieder" ätzend ironisiert, als er einen Münsteraner Denkmalserklärer im schwerfälligen Akzent sagen läßt: „Wir sind ja jetzt nach dem Konzil alle so weltoffen geworden." Diese Haltung kann weder vor den Tatsachenerfahrungen noch vor der biblischen Botschaft bestehen; sie ist aber auch, was „Gaudium et spes" betrifft, ein Mißverständnis. Diese Haltung florierte in der hoffnungsfrohen Epoche der sechziger Jahre – die Zeitstimmung kam ihr damals kräftig zu Hilfe. Längst ist die Stimmung umgeschlagen, jetzt haben Pessimisten das Sagen, jetzt kommt auch in der Kirche das alte Mißtrauen wieder hoch.

Selbst kluge Leute scheinen, nimmt man das Gefälle und die Obertöne mancher Analysen, der Meinung zu sein, es sei doch das meiste an der Moderne das, was Nietzsche in seiner „Fröhlichen Wissenschaft", was Dürrenmatt in seiner Geschichte vom Tunnel beschreiben: der sich selbst überlassene Mensch, der Gott getötet hat, treibt und fällt in bodenloses Dunkel. – Die Tatsache, daß auch Nichtchristen vieles so sehen, daß auch sehr ernste Beobachter in diese Richtung tendieren, muß stutzig machen. Kein Zweifel: in dieser modernen, pluralen, zu ihrer eigenen Vernichtung fähigen und ohne verbindlichen Konsens und scheinbar ohne Ideale lebenden Welt ist es, mit Nietzsche zu sprechen, kälter und immer kälter geworden. Die Frage ist nur: müssen wir dabei zugrunde gehen oder können wir das, etwa in einer neuen, vielleicht sogar mehr und neu an der Bibel orientierten Spiritualität aufarbeiten, so die Lage bestehen? Und die Frage ist auch, ob es nicht in dieser Moderne auch die Chancen, ja die „Spuren des Heils" (K. Lehmann) gibt, die uns hoffen lassen, hoffen eben darauf, daß das Jahr 1985 unser 1985 und Gottes 1985 ist und sein wird. Das Konzil spricht selbst weder der Naivität noch der Ablehnung der Moderne das Wort. Der Text, den ich zitiere, enthält beides, Ambivalenzerkenntnis und Hoffnung. Der zweite Text, der das Kapitel beschließt, ermutigt zu einer vierfachen Treue. Leser, die nicht Ordensleute sind, werden die vierte Treue als Treue zum je eigenen Lebensweg und seinem Auftrag lesen, dann ist auch dieser Text für alle.

Texte

Unter diesen Umständen zeigt sich die moderne Welt zugleich stark und schwach, in der Lage, das Beste oder das Schlimmste zu tun; für sie ist der Weg offen zu Freiheit oder Knechtschaft, Fortschritt oder Rückschritt, Brüderlichkeit oder Haß. ... In Wahrheit hängen die Störungen des Gleichgewichts, an denen die moderne Welt leidet, mit jener tiefer liegenden Störung des Gleichgewichts zusammen, die im Herzen des Menschen ihren Ursprung hat. Denn im Menschen selbst sind viele widersprüchliche Elemente gegeben. Einerseits erfährt er sich nämlich als Geschöpf vielfältig begrenzt, andererseits empfindet er sich in seinem Verlangen unbegrenzt und berufen zu einem Leben höherer Ordnung. Zwischen vielen Möglichkeiten, die ihn anrufen, muß er dauernd unweigerlich eine Wahl treffen und so auf dieses oder jenes verzichten. Als schwacher Mensch und Sünder tut er oft das, was er nicht will, und was er tun wollte, tut er nicht. So leidet er an einer inneren Zwiespältigkeit, und daraus entstehen schwere Zerwürfnisse auch in der Gesellschaft. ... Dennoch wächst angesichts der heutigen Weltentwicklung die Zahl derer, die die Grundfragen stellen oder mit neuer Schärfe spüren: Was ist der Mensch? Was ist der Sinn des Schmer-

zes, des Bösen, des Todes – alles Dinge, die trotz solchen Fortschritts noch immer weiterbestehen? Wozu diese Siege, wenn sie so teuer erkauft werden mußten? Was kann der Mensch der Gesellschaft geben, was von ihr erwarten? Was kommt nach diesem irdischen Leben? ... Die Kirche aber glaubt: Christus, der für alle starb und auferstand, schenkt dem Menschen Licht und Kraft durch seinen Geist ...; es ist kein anderer Name unter dem Himmel den Menschen gegeben, in dem sie gerettet werden sollen. Sie glaubt ferner, daß in ihrem Herrn und Meister der Schlüssel, der Mittelpunkt und das Ziel der ganzen Menschheitsgeschichte gegeben ist" (Gaudium et spes, Nr. 9 u. 10).

„Eine vierfache Treue motiviert und leitet vor allem das Wirken der Ordensleute für die Förderung des Menschen. Sie liegt auf der Linie der Grundsätze, die das Konzil für die Erneuerung aufgestellt hat ... Es geht um:
– die Treue zum Menschen und zu unserer Zeit;
– die Treue zu Christus und zum Evangelium,
– die Treue zur Kirche und zu ihrer Sendung in der Welt,
– die Treue zum Ordensleben und zum Charisma des eigenen Institutes" (Dokument der Kongregation für die Ordensleute „Die Ordensleute und die Förderung des Menschen" von 1980).

3. Kapitel
Wie jetzt fromm sein? Stilmerkmale einer Spiritualität für heute

Vorbemerkung

Der Frömmigkeitstypus, um den es uns hier geht, muß von der Bibel her als echt, als berechtigt angesprochen werden können. Da wir eine Besinnung unter Christen anstellen, mindestens für Menschen, die Christen sein möchten – auch wenn sie sich und andere fragen, wie sie das wohl anstellen sollen –, setze ich dies voraus: es geht um einen Frömmigkeitstypus, der dem christlichen Glauben entspricht, wie er in der katholischen Kirche gelebt und gelehrt wird. Da man aber nicht immer alles sagen kann und auch nicht zu sagen braucht, wird von vielen Aspekten meiner Glaubensinhalte, die sich dem kirchlichen Glauben voll verpflichtet wissen, nur kurz oder überhaupt nicht die Rede sein, nicht einmal von solchen, von denen im Rahmen einer heutigen Spiritualität des Alltags zu reden lohnend und reizvoll wäre, etwa von der Heiligenverehrung. Dies ist eine selbst gesetzte Begrenzung, die ich ausdrücklich voranstelle.

Hinter der Suche nach einer „richtigen" katholischen Frömmigkeit *für heute* steckt aber noch eine weitere Frage. Es gibt offenbar Frömmigkeitshaltungen, die katholisch möglich sind, die aber für unsere Zeit nicht realisierbar sind, nicht mehr für uns möglich sind. Unser Weltbild wird vermutlich doch protestieren, wenn Glockengeläut und Glockenweihe primär zur akustischen Vertreibung von Dämonen gemeint wären; aber das war historisch durchaus im Mittelalter der Fall. Gerade in der frühmittelalterlichen Frömmigkeit würden wir manches entdecken (ebenso in der lateinamerikanischen Volksfrömmigkeit heute), das uns nicht annehmbar schiene. Daß der fromme Gottesmann im England des 11. Jahrhunderts für Geld bestimmte Gebete spricht und man ohne weiteres der Überzeugung ist, das sei wirksamer als selbst zu beten; daß der Missionar in Argentinien der fünfziger Jahre Ähnliches tut, nämlich so und so viele „evangelios", d. h. den Beginn des Johannesevangeliums, zu rezitieren, während er auf einem Pferd durch die Pampa reitet, das fänden wir wohl nicht gerade beispielhaft. Das hängt mit theologischen Schiefheiten zusammen, gegen die unser Gespür protestiert (da auch die gegenwärtige Praxis der Meßgaben zwar begründbar, aber mißverständlich ist, sollte sich niemand zu schnell über frühere Generationen erhaben fühlen). Aber kein Zweifel, manche Dinge können nicht mehr zu einer Frömmigkeit für heute gehören, weil die Zeit eine andere geworden ist. Es geht also um eine glaubensechte und heutige Frömmigkeit. Dabei könnte nochmals unterschieden werden. Ich habe den Eindruck, daß es in der Tradition zwei Grundtypen gibt, Gott in seinem Leben gegenwärtig sein zu lassen. Ich möchte sie einmal „deduktiv“ und „induktiv“ nennen. Zur Verdeutlichung seien sie kurz beschrieben.

„Deduktiv“ nenne ich eine Frömmigkeit, die wie selbstverständlich Gottes sicher ist. Die „Lust an Gott“ ist spontan da, seiner wird nicht nur privat, sondern öffentlich oft gedacht, man singt und spielt ihm gern die schönsten Lieder. Man ist ihm nicht immer treu, aber niemand käme auf den Gedanken, sich – sofern er diesen Typ des Frommseins verkörpert – um seine Existenz zu quälen. Ein guter Teil alttestamentlicher Gotteserfahrung gehört hierher. Ein Teil der Psalmen etwa. Viel traditionell Christliches, Mittelalterliches und Traditionstreues gehört hierher, manche Heiligengestalten und fast alle Heiligenbiographien.

„Induktiv“ nenne ich eine Frömmigkeit, die sich den Zugang zu Gott von weltlichen Erfahrungen aus erst ertasten und auch – eigens erbitten, schenken lassen muß. Was intensiv erfahren wird, das ist das Naheliegende in seinem Eigenstand, säkular. Was immer wieder errungen werden will, das ist Gott „alles in allem“, das ist vor allem der in Dunkelheiten dann doch gefundene Gott. Die erstaunlich zahlreichen Klagelieder des Psalters gehören hierher mit ihrem „Warum?“. Das Buch Hiob und das Buch Kohelet gehören hierher, ebenso wie die an Lästerung grenzenden, aber von letzter, tiefer Gläubigkeit getragenen Gebete von Juden aus dem brennenden Warschauer Ghetto. Angesichts des Todes, also jenseits von Schreibtischsituationen, haben Dietrich Bonhoeffer und Alfred Delp diese Art Frömmigkeit bezeugt. Daß sie möglich ist, meint Ignatius mit seinem Kernsatz vom Suchen und Finden Gottes in allen Dingen. Ich sehe hier wirklich eine andere Haltung am Werk als etwa in der achtungheischenden, aber weltentrückt-frommen „Nachfolge Christi“ (die leider statt der Bibel das maßgebliche fromme Volksbuch für Jahrhunderte war). Auch dieser Typus von Frömmigkeit hat seine Erfahrungen von Gottes intensiver und beglükkender Nähe. Auch er kann in den Ruf des Psalms 118 ausbrechen: „Mein Schutz und mein Lied ist der Herr.“ Doch wird er solche Erfahrungen nicht so leicht, nicht so häufig machen, sie aber vielleicht gerade darum als kostbare Gaben erleben.

Und nun meine ich, ein Doppeltes feststellen zu müssen: einmal galt der deduktive Typus der Spiritualität oft und oft als der einfachhin frömmere. Man braucht sich nur einmal frühere geistliche Leitfäden und Anleitungen daraufhin anzusehen. Man braucht sich nur daran zu erinnern, daß Konflikte im Leben von Heiligen retuschiert wurden, daß die Anfechtung der scheinbar so harmlosen „little flower" (der „kleinen Blume", wie man in Amerika Therese von Lisieux nannte), ja, daß ihre Glaubensprüfung zunächst scheu verschwiegen wurde. Ohne Zweifel: der deduktive Typus des Fromm-seins wird auch heute manchen Menschen der ihnen gemäße sein. Aber ich wage nun, zweitens, zu bezweifeln, daß dieser Typ des Fromm-seins, wiewohl er oft als „frömmer" gilt, heute der Mehrzahl der Menschen, die gläubige, echte Christen sein möchten, weiterhilft. Wenn aber diese doppelte Feststellung richtig ist: daß deduktive Frömmigkeit auch kirchenamtlich für frömmer gehalten wird, sie aber heute der Mehrzahl auch gläubiger Menschen eher fremd ist, dann kann man sich die Folgen ausmalen: dann erscheint eine wirkliche Frömmigkeit überhaupt nicht mehr recht erreichbar.

Nun werde ich im folgenden nicht Merkmale nur eines der beiden Typen aufführen. Typen sind ja auch Hilfskonstruktionen, um einen Zusammenhang besser verstehen zu können. Und wenn ein Psychologe wie Eduard Spranger recht hat, es gäbe unter anderem auch den Typus des „religiösen Menschen", so kann dies darauf hinweisen, daß es immer Menschen mit mehr deduktiver spiritueller „Bauweise" geben wird, und daß sich diese Menschen nicht gestrig vorzukommen brauchen. Trotz dieser Einschränkung halte ich die Richtung meiner Aussage fest. Sie ist auch ein Stück Hintergrund, wenn ich nun versuche, zu skizzieren, wie denn heutige Frömmigkeit sein „sollte", damit sie trägt.

1. Spiritualität als Weg und Prozeß

a) Ein Blick in die Bibel

Im religiösen Werdegang des Volkes Israel hat sich offenbar eine weit zurückliegende Lebenserfahrung von Nomaden- und Wanderdasein, eine spätere, konkrete, politisch-soziale Befreiunsgeschichte einer kleinen Kernschar mit einer menschlichen Ur-Erfahrung von Weg und Unterwegs-Sein und mit seinem Glauben an den gegenwärtigen Gott so verbunden, daß es zu dem in der Religionsgeschichte gar nicht typischen Kernthema vom wandernden Gottesvolk gekommen ist. In den biblischen Zeugnissen ist nun das Bild vom Wandern, vom Weg immer wieder anzutreffen.

Der Weg ist das Thema für Israels Erinnerung an den Wüstenzug, genauer: Erinnerung daran, daß Befreiung durch Wüste hindurch und in der Weise des Wanderns und Weges geschehen war. Dabei geht Gott selbst seinem Volk als Wolkensäule bei Tag und als Feuersäule bei Nacht voran. Der Weg durch die Wüste kennt ein Auf und Ab, kennt Kleinmut, der bestraft wird, wie es in der Erzählung von der ehernen Schlange anklingt (Num 21,8.9; vgl. Joh 3,14), wo aber auch Rettung von Gott angeboten wird. In der Wüste und auf dem Weg gibt es weitere Schlüsselerfahrungen Israels: im Gießen des goldenen Jungstiers (beliebtes Bild für lebenstrotzende Kraft im ganzen Mittelmeerraum) will Israel seinen so bildlosen Gott sich „anschaulich" machen: „Das ist dein Gott, Israel, der dich aus dem Lande Ägypten herausgeführt hat" (Lev 32,5). In der Wüste und auf dem Weg gibt es das Murren über die Ausgesetztheit des Jetzt und die Sehnsucht nach früheren, wenn auch entmündigenden Geborgenheiten: den „Fleischtöpfen Ägyptens".

In der Wüste und auf dem Weg gibt es die Erfahrung, daß Gott für die Seinen sorgt (das Manna und die Wachteln, Gen 16,11–29), aber auch die Erfahrung, daß man sich seiner Gaben nicht hortend vergewissern kann: das Manna hält nur einen Tag, nur vor dem Sabbat hält es zwei Tage. In der Wüste und auf dem

Weg geschieht erster und tiefer Glaubensmangel: Mose will nicht glauben, daß Wasser aus dem Felsen strömen werde, und das Volk kann darum seinen Weg erst dann beenden, als die Generation der Zweifler nicht mehr dabei ist. Nach der für uns maßgebenden Redaktion haben sich Bundes- und Exodustraditionen schließlich so miteinander verbunden, daß noch Entscheidenderes jetzt von dem Wüstenweg berichtet wird: Gotteserscheinung am Sinai, Übergabe der „Weisung", der Tora, Bundesschluß Gottes mit dem Volk. Daß am Schluß, nein, immer wieder, vor allem im Buch Leviticus, spätere religiöse Praktiken, Kultgesetze, der Bau der Lade und des Zeltes, der Sabbat, die Opfer in natürlich anachronistischer Weise in die Wüsten- und Wanderzeit hineinverlegt werden, unterstreicht nochmals die offenkundige Überzeugung, daß beim Unterwegssein für Israel Entscheidendes geschehen ist.

Das neue Testament wird das Wander- und Wegmotiv aufgreifen, wenn auch nicht so stark wie das im Alten Testament der Fall ist. Erinnert sei daran, wie der Evangelist Lukas Jesu entscheidende Worte und Taten redaktionell in eine Wanderung nach Jerusalem einfügt (9,51 – 19,28), weil sich für ihn in Jerusalem sein Schicksal und damit seine Sendung erfüllt und vollendet. Unterwegs auf einer Wanderung erscheint Jesus den zwei verstörten Jüngern, die nach Emmaus gehen. – Johannes läßt Jesus sagen: „Ich bin der Weg, die Wahrheit und das Leben." In der Apostelgeschichte wird der Christenglaube als „der Weg" (Apg 9,2), als „der Weg des Herrn" (18,25) bezeichnet. Der Hebräerbrief schließlich vergleicht den Weg der Kirche mit der Pilgerschaft Israels, ermutigt dazu, trotz der Ermüdung weiterzugehen, da die Gemeinde, an die er sich wendet, offenbar müde geworden war, und verheißt das Eingehen in die Sabbatruhe, d.h. die Vollendung, die aber noch aussteht und unter Mühen erwandert werden muß. Kein Zweifel, für das Gottes*volk* ist die Rede von Weg und Wandern eine zentrale Aussage.

Das gilt aber auch für den einzelnen. In einer kleinen Geschichte, die für die persönliche Glaubensbesinnung sehr wichtig sein kann, die jeder „Glaubende auf dem Weg" immer wieder betrachten sollte (1 Kön 19,3–8), wird Elija gezeichnet als der durch Gefahr Verzagte, der von Gott durch Speise gestärkt wird und so der entscheidenden, neuen Begegnung mit ihm entgegenwandert – wieder durch die Wüste hindurch. Überhaupt verdichten und variieren sich die Wander- und Wegmotive auf den einzelnen hin, gelten also nicht nur für das Volk, und nehmen Konkretformen an. Wandern ist Glaube, Wandern ist Pilgerschaft, Wandern ist Anfechtung. Abraham, Urbild des vertrauenden Glaubens, bekommt gesagt: „Ziehe hinweg aus deinem Vaterlande ... in das Land, das ich dir zeigen werde", und der Hebräerbrief kommentiert „er zog aus, ohne zu wissen, wohin er kommen würde", und gibt damit die ergreifendste Beschreibung dessen, was Glaube ist ... So gerät das Durchwandern des Weges, das im Blick auf Gott Glaube ist, zur Pilgerschaft, zum Bewußtsein, daß die Glaubenden „Fremdlinge und Pilger auf Erden sind" (vgl. Hebr 11,13), aber ihren Weg im Blick auf die künftige Stätte gehen (Hebr 13,14) – was Christen allerdings nicht als einen bloß zustandsartigen Himmel erwarten, sondern als Begegnung mit Christus, den sie als Vollender und Retter bekennen. Unter diesem umfassenden Horizont bekommen die alten Pilgerlieder, die Worte über das pilgernde Wandern nach Jerusalem, neue Farbe, ohne daß der Beter den ursprünglichen Sinn dieser Wallfahrtslieder Israels „geistig" umzudeuten bräuchte. Doch werden Worte wie die folgenden zu Grundaussagen über das Leben und das Gehen zu Gott: „Wie freute ich mich, als man mir sagte, wir gehen zum Haus des Herrn" (Ps 122). Vielleicht kann man das besser erahnen, wenn man einmal diesen Text in einem heutigen, hebräischen Lied singen gehört hat; wenn man eine Postkarte in Händen gehalten hat, die die kürzlich ausgegrabenen Tempelstufen zeigt mit den Anfangsworten des Psalms. Welche Kraft zum Wandern für Israel daraus gekommen sein muß, daß es sein Gehen als Pilgerschaft auffassen konnte! Doch blieb auch hier die Anfechtung nicht fern. Zwar heißt es: „Sie wandern von Kraft zu Kraft, bis sie Gott schauen auf Zion" (Ps 84,8), doch gibt es die Erfahrung, daß Gott auch in „finstere Schluchten" führen kann, wo es eng wird (und unser Wort Angst kommt von eng); wie das geradezu zum „Todesschatten“ (so wörtlich der hebräische Ausdruck) werden kann, obwohl doch Gott der Hirt ist (Ps 23). Der Glaubende und der Pilger vertraut: „Ich fürchte kein Unglück, denn du bist bei mir.“

Ich habe bewußt das Weg- und Wandermotiv in einer kleinen biblischen Zusammenschau entfaltet; denn hier ist mehr als Poesie, hier sind Grundgestalten von Glaubenserfahrung, die wichtig und – allzuoft vergessen sind.

b) Spiritualität als Weg – das ist nicht selbstverständlich

Ist es nicht, eben anders als in jenen biblischen Zeugnissen, allzuoft so gewesen, daß Frömmigkeit vorgestellt wird als etwas ziemlich statisches, unbewegliches? Als etwas, das zwar einerseits sowieso unerreichbar ist, andererseits aber in sich keine Entwicklung kennt, sieht man einmal von eher glanzlosen Vor- und Unterstufen des Frommseins ab. Denn tatsächlich gab es in der Tradition die verschiedenen Formen eines Stufenweges des geistlichen Lebens. Da sind neuplatonisch beeinflußte Formen (Pseudodionysius Aeropagita), welche die Stufen des Anfängers, des Fortgeschrittenen, des Vollkommenen nach Formen seiner mystischen Gotteserfahrung „klassifizieren“: Weg der Reinigung (das Allerunterste), Weg der Erleuchtung, schließlich der Weg der Einigung (mit Gott). Gegen solche Schubladendarlegungen kann man vielleicht einwenden, ich hätte hier karikiert. Gewiß, das alles mag bei den großen Theologen der frühen Kirche tiefer und richtiger gemeint gewesen sein. An die überhaupt interessierte „Basis“ kam das nur in der Form, daß da etwas zum Ziel deklariert wurde, was kaum einer so erlebt hatte; daß der Eindruck erweckt wurde, hier sei ein Fahrplan mit hintereinanderliegenden Stationen gegeben; daß die meisten feststellen mußten, der Zug ihrer geistlichen Befindlichkeit habe kaum eben das Bahnhofsgebäude verlassen, sei auf dem Weg eigentlich noch gar nicht recht gestartet. Denn für wen ist der „Weg der Reinigung“ nicht schon lebenslange Aufgabe? Ja, wenn man der mißverstandenen Lehre vom „Fegefeuer“ ihr rechtes Gewicht gibt und wenn man bedenkt, daß Bekehrung lebenslang aufgegeben ist, dann dauert dieser Weg der Reinigung noch möglicherweise über den Tod hinaus. Bei dieser Stufenlehre, bei dieser Art von Wegbeschreibung gibt es für den Normalchristen kaum Chancen! ... Das muß irgendeinmal bemerkt worden sein. Denn die mittelalterliche Theologie behält die drei Stufen bei, füllt sie aber inhaltlich anders. Nun sind es die Anfänger, d. h. diejenigen, die keine schweren Sünden begehen; die Fortgeschrittenen, die auch die läßlichen Sünden meiden; die Vollkommenen, d. h. diejenigen, die auch nach den evangelischen Räten leben (d. h. praktisch die Ordensleute!). Hier meldet sich die Einrede, die von Zorn und Trauer begleitet wird. Der Zorn richtet sich dagegen, daß den Laien der Weg in das volle, das vollkommene Christsein von Anfang an abgesprochen wird, obwohl z. B. Thomas von Aquino in der Fülle der Liebe die Vollkommenheit sieht, was durchaus biblisch ist. Die Trauer begleitet die Einrede, die sagt: Müssen dann Ordensleute schon ohne jeden Fehler sein? Gibt es das überhaupt? Beten sie nicht das Schuldbekenntnis in der Messe? Schreibt man nicht gerade ihnen vor, „häufig" das Bußsakrament zu empfangen (im alten und neuen Kirchenrecht)? Nein, ich glaube, weder die neuplatonische Form der Dreistufenlehre noch die moralisch angelegte, die Laien keine Chance gibt, vollkommen zu werden und für Ordensleute keine Fehler oder „tägliche Sünden" mehr „vorsieht", können uns helfen. Helfen kann jene weite und ganze andere Sicht vom biblischen Unterwegssein als Glaube, Pilgerschaft und getröstete Anfechtung.

Diese biblische Sicht darf uns auch kritisch werden lassen gegenüber allen unechten Formen von Sicherheit im Glauben, von Kirchen- und Linientreue, vom jeweils schon Bescheid-Wissen. Es gibt Äußerungen von Glaube, Theologie und Frömmigkeit, die, das sei klar gesagt, sicher sehr ehrlich und redlich gemeint sind. Doch kommen sie mir machmal vor wie der Igel, der dem mühsam heranlaufenden Hasen zuruft: „Ätsch, ich bin schon lange da!" Gegenüber solchen „Angekommenheitswahn", der andere oft nicht bestärkt, sondern mutlos machen kann, können unsere Bibelstellen krampflösend und befreiend wirken. Vom

Hebräerbrief lasse ich mir gern sagen: „Darum ‚richtet die erschlafften Hände und die ermüdeten Knie wieder auf' und ‚geht gerade Pfade mit euren Füßen', damit das Lahme nicht vom Wege abkommt, sondern vielmehr geheilt wird" (Hebr 12,12), und dies andere: „Darum also wollen auch wir, da wir eine so große Wolke von Zeugen um uns haben, jede hemmende Last und die uns umringende Sünde ablegen und mit Ausdauer laufen in dem Wettkampf, der vor uns liegt, indem wir Hinblicken auf den Urheber und Vollender des Glaubens, Jesus ..." (12,1).

Schließlich geben uns die Wegtexte der Bibel das Recht, auch voreinander ehrlich zu sein, so daß durchscheint: Ich bin wirklich auf dem Weg. Ich bin noch nicht fertig mit meinem Glauben, und manchmal erfahre ich mein Gehen schon auch, als führte es durchs finstere Tal. – Welche vertrackte Verkennung von Spiritualität, wenn ernsthaft engagierte Christen vor sich und voreinander, bewußt oder unbewußt, den Eindruck erwecken, die biblischen Anfechtungserfahrungen jener Pilger zu Gott seien ihnen fremd, weil nicht sei, was, wie sie irrtümlich meinen, nicht sein darf. Wieviel gegenseitige Glaubenshilfe findet nicht statt, weil in aktiv katholischen Gruppen, in Pfarrgemeinderäten, aber auch unter Priestern oder in Klöstern allzuoft der Eindruck erweckt wird, daß die Herausforderung, Gott genannt, bereits ein für allemal bewältigt sei, und vergißt, daß man eben erst unterwegs ist. Hier korrigieren die biblischen Zeugnisse, lindern und heilen sie, wo man sie hört und zuläßt.

c) Ergebnisse

Frommsein heißt unterwegs sein. Das bedeutet im Ergebnis:
– Wir dürfen Wandernde sein. Wir brauchen nicht jetzt schon die Vollgestalt der Frömmigkeit zu sein, die dem erreichten Ziel entspräche.
– Wir müssen freilich auch unterwegs bleiben, denn wir wissen nicht, wie lange Zeit wir haben, unser Wanderziel zu erreichen. Gewiß ist es tröstlich, daß wir am Ende, wie die jüdische Anekdote sagt, nicht gefragt werden: Bist du Mose gewesen?, sondern:

Bist du der/die ... gewesen? Aber wir müssen das ja noch werden, und Faulheit auf dem Weg wäre gefährlich, genau wie nervöse Eile unsinnig wäre, denn Gott gibt uns die notwendige Zeit sicher ...

– Der Weg der Frömmigkeit ist nicht ein Weg neben dem Lebensweg. Oft dürfte es bei Menschen das Bewußtsein geben, ihr eigentlich wichtiger Weg sei ihr Lebensweg mit seinen Ereignissen. Der religiöse Weg verläuft für sie im Grund beziehungslos parallel dazu. Verlegenheitsworte wie dies: Der Tag der Erstkommunion ist der schönste Tag des Lebens, sind dafür ein Beispiel. Wer hat eigentlich das Recht, so etwas zu behaupten? Wenige aber glauben solche Überstülpungen, keiner protestiert dagegen, das ist eben die Parallelstraße ... Nein, deutlich sei es gesagt: Der Lebensweg mit seinen Ereignissen, mit den Festen und Plackereien, mit den Freundschaften und Entfremdungen, mit den Erfolgen und den Enttäuschungen, mit den gelungenen und leer gebliebenen Gebeten, mit den Anfechtungen und der Schuld, dies, und nur dies, ist die Straße, auf der zu Gott gegangen wird. Ob es ein Gehen zu Gott ist; ob es „Frömmigkeit" ist oder nicht, das hängt davon ab, wie sich der Mensch auf der Straße seines Lebens bewegt. Aber daß es nur diesen einen Weg zu Gott gibt, dies sei mit aller Deutlichkeit gesagt.

– Damit bleiben dann nicht nur alle einengenden geistlichen Theorien zurück, sondern vor allem das schlimme Bewußtsein, Frömmigkeit sei etwas Fixfertiges, in das der einzelne hineingepaßt und notfalls hineingepreßt werden muß, will er das Ziel seines Christseins erreichen.

– Seinen Weg als von Gott gezeichneten und begleiteten Weg gehen, das bedeutet schließlich auch, *sich führen lassen*. Sich führen lassen ist nicht Passivität. Aber es weiß um die Begrenztheit und Brüchigkeit unseres notwendigen Planens.

Es ist auffällig, wie viele europäische Sprachen das Äquivalent zu unserem „Der Mensch denkt, Gott lenkt" kennen – wobei allerdings fatal ist, daß dieses Wort nur in Enttäuschungssituationen zitiert zu werden pflegt. Das „se Deus quiser" (wenn Gott will) bezüglich von Zukunftsaussagen geht z. B. dem Brasilianer sehr leicht von den Lippen, das „God willing“ vielen Amerikanern, aber uns aufgeklärten Deutschen bleiben solche Formeln im Halse und im ratlos gewordenen Gedanken des Kopfes stekken. Sich führen lassen heißt in der Tat auch: das Geflecht von dem, was äußerlich Zufall plus Notwendigkeit plus eigene Leistung plus Fehler und Versäumnisse sind, als Ganzes annehmen in dem Vertrauen, daß Gott aus dem Ganzen etwas Gutes machen kann. Das heißt „auf die Vorsehung bauen“. Und so sehr das „se Deus quiser“ sich einer Beschwörungsformel nähern kann, so nahe kann es auch an jener Stelle des Jakobusbriefes sein, die ich später noch eigens zitieren werde und die selbstmächtiges menschliches Planen vom Sockel stößt, dadurch für den Glaubenden aber auch das Planen entkrampft und auch in einer Zeit, in der um des gedeihlichen Lebens willen geplant werden muß, dem modernen Menschen den Weg zum Wort Jesu von der Sorglosigkeit und dem Sich-führen-Lassen freilegen kann (Jak 4,13–15).

Die Beschreibung von Weg und Unterwegs-Sein ist breit ausgefallen. Das ist kein Zufall, denn weiß ich doch aus Gesprächen, wie wichtig dies für manche Menschen ist, wie es Lasten nimmt und Verkrampfungen löst. Das bedeutet nicht, es müsse immer schön idyllisch zugehen. Der Hebräerbrief macht uns schon ein wenig unruhig mit seinen Aussagen, die Adressaten, denen er so viel Mut zuspricht, hätten im Kampf gegen die Sünde noch nicht bis aufs Blut widerstanden; und übrigens züchtige der Herr diejenigen, die er liebt. Ohne Härten scheint es also bei dem Weg nicht abzugehen, und Wüste ist ja nicht nur etwas, um kontraststarke Farbdias zu machen; wer einmal die Wüste Juda erlebt hat, weiß, was an Hitze, an Monotonie, an Gefahr in der Wüste ist. Und dennoch: unterwegs sein dürfen und einander nicht zum scheinbar angekommenen Igel werden, der die anderen so zu noch mehr Laufen antreibt, daß sie schließlich zusammenbrechen, das scheint mir schon sehr zu einer heutigen Spiritualität zu gehören, einer Spiritualität, die sich in dem Halbsatz über die unerkannte Nähe Jesu zu den Jüngern verdichtet: „... und ging mit ihnen“ (Lk 24,15).

2. Spiritualität im Austausch

a) Austausch heißt: geistlich miteinander teilen

Vielen Christen fällt es schwer, über ihren Glauben mit anderen zu sprechen. Was die charismatische Bewegung etwas zu unbefangen als ständige Praxis übt oder voraus-setzt, das „sharing", das Mitteilen aus dem eigenen spirituellen Bereich, das ist oft eingezäunt mit Zäunen aus individualistischen Mißverständnissen, bürgerlichen Privatheitsgewohnheiten, Unbeholfenheit, das Unaussprechliche in Worte zu fassen, kirchlich verursachten Barrieren, da man „über so etwas" eben nur mit dem Seelenführer sprach. Dies alles sind keine stichhaltigen Begründungen dafür, daß wenige Priester, wenige Ordensleute, wenige Laien es fertigbringen, einander von ihrem Weg zu Gott zu erzählen (Priester tun sich darin oft am schwersten). Aber wenn es auch keine stichhaltigen Gründe sind, so sind sie doch wirksam. Sie müssen ernst genommen werden, denn sie verhindern viel Glaubenshilfe.

Sie müssen ernst genommen und möglichst abgebaut werden. Nicht, als ob es künftig keine Privatsphäre mehr geben solle. Nicht, als ob wir uns ständig gegenseitig den frommen Puls halten sollten, wie es ein evangelischer Theologe kritisch ausdrückte. Aber so, daß etwas von dem ungeheueren Potential fruchtbar wird, das dem gemeinsamen Glauben (einer Gruppe, einer Familie, einer Ortsgemeinde, einer Ordenskommunität) aus den Erfahrungen der einzelnen Mitglieder zuwachsen könnte.

Wir Menschen brauchen Weggenossenschaft. Elija ging allein zum Horeb, die Jünger gingen zu zweit nach Emmaus, das Volk Israel zog als Volk: Gott war immer dabei, kann immer dabei sein. Aber wir selbst kommen wohl ohne das erfahrene Miteinander nicht aus. Soziologen sprechen von den „bedeutungsvoll anderen" (significant others), ohne die sich im Einzelmenschen Überzeugungen, Werte und Hoffnungen weder bilden noch festigen noch durchhalten können. Wir sind auf all das erst recht in einer Welt angewiesen, in der wir ständig mit anderen Meinungen, unterschiedlichen Sichten und gegenläufigen Überzeugungen konfrontiert werden. Also müssen wir ein Doppeltes lernen – und man kann das, wiederum miteinander, lernen, wie die Erfahrung zeigt:

– Wir müssen lernen, klug das, was jeder nur für sich und Gott vorbehalten will, von dem zu unterscheiden, was ein jeder an geistlichen Erfahrungen, Gefühlen oder Einsichten mit anderen sinnvoll teilen kann und – in einem wirklichen Geben und Nehmen – teilen sollte.

– Wir müssen Formen, Wege und Methoden dieses Austausches lernen, damit das Ganze auch dort, wo es niemandes Privatbereich aushöhlt, nicht dadurch peinlich oder schädlich wird, daß neue Fassaden aufgerichtet werden, sich Wichtigtuerei einschleicht oder einer dem anderen eine Frömmigkeit vorteilt, besser: zu-teilt, die ihn wieder einengt oder in Schemata preßt.

Im übrigen aber wären die drei folgenden Paulustexte schon ernst zu nehmen. Im ersten Text, der im gleichen Brief in praktisch zwei Varianten auftaucht, spricht Paulus jedesmal von Glaubenstrost und Glaubenszuversicht; im zweiten und dritten Text stellt er einen wichtigen Zusammenhang her zwischen dem Glauben der Seelsorger und dem Glauben der Gemeinde, und er sagt auch Wichtiges über die Art, wie Glaube genährt wird und wie wir alle einander nötig haben.

Texte

So werden wir allezeit beim Herrn sein; tröstet einander mit diesen Worten! (1 Thess 4,17b.18).

Denn Gott hat uns nicht für das Zorngericht bestimmt, sondern zur Erwerbung unseres Heils durch unseren Herrn Jesus Christus, der um unseretwillen gestorben ist, damit wir, ob wir wachen oder schlafen, zugleich mit ihm leben. Darum ermahnt einander und erbaut einer den andern, wie ihr es auch tut! (1 Thess 5,9–11).

Gepriesen sei Gott, der Vater unseres Herrn Jesus Christus, der Vater des Erbarmens und der Gott allen Trostes; er tröstet uns bei all unserer Bedrängnis, damit wir die, die in allerlei Bedrängnis sind, damit wir die, die in allerlei Bedrängnis sind, trösten können durch den Trost, mit dem wir selbst von Gott getröstet werden (2 Kor 1,3).

Denn mich verlangt, euch zu sehen, um euch eine geistliche Gabe mitzuteilen, damit ihr gestärkt werdet, oder besser: damit ich bei euch mitgetröstet werde durch den gemeinsamen Glauben, euren und meinen (Röm 1,11–12).

b) Austausch heißt: Ja zur konkreten Kirche sagen

Über die rechte Einstellung zur Kirche könnte wirklich viel gesagt werden. Es kann hier nicht geschehen. Nur soviel sei in straffer Übersicht formuliert:

– Christliche Frömmigkeit kann nie etwas Kirchenloses sein; die Kirche, und zwar die konkret-sichtbare, ist Raum, Ort und Art und Weise des Frommseins.

– Es ist nüchtern damit zu rechnen, daß manche Vorkommnisse in der Kirche, sei es in ihrer Geschichte oder Gegenwart, den Glauben erschweren. Dabei wird solch Negatives oft aufgrund feindseliger Polemik, mit der es vorgestellt wird, oder aufgrund mangelnder Kenntnis von Zusammenhängen noch negativer erscheinen, als es schon ist. Verzeichnetes, auch und besonders das hämisch Verzeichnete, sollen wir zurüchtrücken, für uns und andere. Aber ein Harmonisieren, Alles-entschuldigen-Wollen halte ich für eine individuell vielleicht verständliche Reaktion, die aber gerade Angefochtenen nicht viel helfen dürfte.

– Die Kirche ist nicht nur „zu bejahen", sondern jeder muß im Lauf seines Weges immer mehr herauszuhören versuchen, wo gerade sein Beitrag, sein Charisma „zum Nutzen" der Gemeinde ist, wie Paulus das meint. So ist Frömmigkeit des einen etwas, von dem die anderen leben. So ist die Kirche nicht nur „die Ebene, auf der sich die Spiritualität konkretisiert", sondern auch Adressat meiner Beiträge, gleichzeitig Ausgangspunkt der Bereicherung für mich.

– Wer das alles nicht recht glaubt, weil er sich doch immer wieder an vielem wundreibt, was es in der Kirche gibt, der mache nur dieses Gedankenexperiment: er streiche aus dem Fundus seiner

Frömmigkeit alles, was für ihn bewußt durch die Kirche vermittelt wurde: wieviel wird übrig bleiben?

– Schließlich kann es Situationen geben, in denen der einzelne Christ die Kirche als so hemmend oder einengend erleben mag, daß er nicht mehr aus noch ein weiß. Dann könnte er sich erinnern, daß der brasilianische Theologe Leonardo Boff vor einem Lehrgespräch in Rom gesagt haben soll, er wolle lieber gemeinsam mit der Kirche als allein mit seiner Theologie gehen. Auch das hebt nicht alle Gewissensnöte auf, die auch kirchlich verursacht sein können. Dann bleibt als schmerzlichste „Lösung", die aber doch wohl nahe an Jesu Kreuz heranführt, der Gedanke: Ob Gott unseren Glauben nicht auch dadurch läutern könnte, daß er uns eine noch zu oberflächliche Freude an der Kirche nimmt, um eines tieferen Ja zu ihm und seiner Kirche willen?

3. Spiritualität als Faszination durch Gott

Ich möchte diesen Gesichtspunkt hier nur ansprechen, nicht inhaltlich entfalten. Entfalten will ich ihn im ganzen folgenden Kapitel über das Gottesbild. Ansprechen muß ich ihn hier. Denn ich halte es wirklich für eine Frage, auf welche die Antwort folgenschwer sein muß; die Frage nämlich, ob wir unser Christsein als eine Beziehung ansehen, eine Beziehung zu Jesus dem Christus, der uns als Mensch, als Sohn seiner Zeit und seines Landes, verkündigt wird (man mag dies, wenn man es recht versteht, vom Ausgangspunkt her eine Christologie von unten nennen). In einer Zeit, die angstvoll oder fasziniert nach dem Menschen fragt, wird der Zugang zur Bedeutung Jesu wohl primär hier ansetzen, und zwar nicht nur, wie es die prägende mittelalterliche Frömmigkeit tat, bei seinem bitteren Leiden und Tod, das einerseits als Bezugspunkt von Mit-Leiden und andererseits als „Erlösungsmethode" für uns angesehen wurde, wobei dann sowohl das irdische Wirken als auch die Auferstehung aus dem Blick gerieten. Unser Zugang zu Jesus wird wohl eher sein Wirken, seine Verkündigung sein und daß er Sünden vergibt und Dämonen austreibt; daß er in alledem den Willen des Vaters tut; daß er Gott als seinen Vater erfährt und ihn uns als unseren Vater verkündigt; daß er das Reich Gottes bringt; daß er um seiner unverstellten Sendung willen in den Tod geht, in den Tod getrieben wird; daß er von Gott nicht im Tod gelassen wird. –

Wer sein Christsein zuerst als das Wachstums-Schicksal seiner persönlichen Beziehung zu Christus, ihres Blühens, ihrer Blütenfröste und ihrer trocken bleibenden Knospen sieht und annehmen lernt, der wird ahnen, was mit Faszination gemeint sein könnte. In diesem Sinn sollten wir schon versuchen, aus unserem Christsein nicht nur eine Welt-Theorie oder eine Morallehre zu machen, sosehr der christliche Glaube solches auch ist.

Nun wird manchmal gesagt, die große Mehrzahl der Christen sei zu einer personalen Christusbeziehung gar nicht fähig, von ihnen müsse eben Religion als „System“ erlebt werden. Aber wer den „einfachen Leuten“ nicht zutraut, eine Beziehung zu Gott und Christus zu entwickeln, der bringt sie um den Kern des Christlichen. Natürlich ist das keine Beziehung wie zu anderen, z. B. jetzt lebenden Menschen. Es ist eine Hinwendung zu jemand, der vor zweitausend Jahren gelebt hat, den ich aber trotzdem als erreichbar ansehe. Und diese Beziehung ist freilich auch keine Hinwendung auf gleicher Ebene, wiewohl Jesus uns tatsächlich Brüder nennt, weswegen wir ihn dann wohl auch (!) so nennen dürfen – doch ist er für uns Christen eben auch „mein Herr und mein Gott“. Der Text aus dem ersten Petrusbrief beschreibt, wie ich meine, treffend die Eigenart der Christusbeziehung. Aber eine Beziehung, ein Du-Sagen darf es sein und soll es sein. Sollten wir es uns nicht immer wieder zutrauen?

Zum Stichwort „Faszination“ noch ein Zweites. Sosehr es gilt, einen Zugang zu Christus zu finden, der für uns gangbar ist, sosehr gilt es, sich daran zu erinnern: Christus soll uns Zugang zu „Gott“ d. h. zum Vater, sein. „Durch ihn (d. h. Christus) glaubt ihr an Gott“, sagt ebenfalls der erste Petrusbrief. Damit *Gott* für uns faszinierend wirken kann, muß es das richtige Gottesbild sein. Es ist nicht genug, „religiös“ zu sein: das kann Überdruß oder gähnende Langeweile oder Ablehnung hervorrufen. Es kommt darauf an, Gottes so ansichtig zu werden, daß er interessant, liebenswert, rätselhaft, manchmal auch zum Fürchten wird, nur nicht: langweilig, bürokratisch, grämlich, wie ein Buchhalter Fehler kontierend oder Strafzettel ausschreibend. Alle diese eben nur angedeuteten Gottesbilder, sind weit verbreitet, sie stecken vielleicht noch in unserem Unterbewußtsein, selbst dort, wo eine „bessere Theologie" sie im Bewußtsein verdrängt hat. Und sie sind es, die es verhindern, daß Faszination durch Gott aufkeimt und wächst. Welche Abhilfen gibt es hier? Vielleicht zwei:

- sich auch nachdenkend um das rechte Gottesbild bemühen;
- sich von den Faszinationen anderer anstecken lassen. Die Heiligen wären hier hilfreich, hätte man sie nicht bisweilen so schrecklich „geschönt" und dadurch langweilig gemacht. Vielleicht hilft ein gutes Heiligenleben doch; oder ein geglücktes Glaubensgespräch im „Austausch".

Wer jedenfalls einmal ein modernes hebräisches Psalmlied singen gehört hat, das etwa den Psalm 150 umschreibt, der weiß beim Hören dieser kehligen, vom ständigen Hallelu-Ruf unterbrochenen Worte, mit denen alle Instrumente zum Gotteslob eingeladen werden, was Faszination durch Gott ist. Sicher, wir sind keine Wüstenbewohner, wir begleiten unsere Lieder nicht mit Trommeln, hinter unseren Weisen scheint nicht die Wüste auf, wir sind auf sehr ordentliche Weise in unseren Chorälen, gregorianisch oder Bach, fromm. Aber ob man nicht doch Faszination auf die Weise des europäischen Temperaments als Ziel ins Auge fassen könnte? Denn Faszination kann man doch übersetzen mit: nicht loskommen von jemandem. Faszination durch Gott: nicht loskommen von Gott. Darauf käme es an, gerade in heutiger Zeit.

Texte

Dann werdet ihr jubeln, nachdem ihr jetzt, wenn es sein muß, eine kleine Zeit betrübt worden seid, damit die Bewährung eures Glaubens köstlicher erfunden werde als Gold, das vergeht, aber durch Feuer bewährt wird, zu Lob und Preis und Ehre beim Offenbarwerden Jesu Christi. Ihn liebt ihr, ohne ihn gesehen zu haben; an ihn glaubt ihr, ohne ihn jetzt zu schauen; über ihn frohlockt ihr mit un-

aussprechlicher und verklärter Freude, indem ihr das Ziel eures Glaubens, die Seligkeit der Seelen, davontragt (1 Petr 1,6–9).

Durch ihn glaubt ihr an Gott, der ihn von den Toten auferweckt und ihm Herrlichkeit gegeben hat, so daß euer Glaube auch Hoffnung auf Gott ist (1 Petr 1,21).

Ich möchte noch einen ganz anderen Text anführen. Es ist der Text zu einem Lied des brasiliianischen Liedermachers Roberto Carlos, verfaßt von seinem Freund Erasmo. Carlos ist in Brasilien jedem Kind bekannt; ich hörte die Meinung, er singe die wenigen religiösen Texte unter seinen vielen Liedern aus Überzeugung. Das Lied enthält eine gewiß unvollständige Christologie. Aber es läßt ahnen, was ich mit Zugang zu Christus meine. Das Lied ist außerdem für mich durch eine Episode während meiner Brasilienreise wichtig geworden. Ich möchte, bevor ich den Text vorlege, noch davon erzählen.

Es war im Gebäude, das die Verwaltung des Erzbistums Rio de Janeiro beherbergt. Ein Mitbruder führte mich und erklärte. Wir kamen in den im siebten Stock gelegenen Sitzungssaal. Ein Sitzungssaal wie viele. Doch dann wies mein Begleiter aus dem Fenster. Tief unter uns sah man einige längliche Holzkisten. Ich wurde informiert, daß dort unten eine (kleine, private) medizinische Fakultät aus Platzmangel im Freien ihre Anatomiekurse abhält. Die Kisten waren provisorische Särge, einer war offen, nicht leer ... Mir wurde flau im Magen. Wir gingen weiter, im audiovisuellen Arbeitsbereich wurde ich zwecks Besichtigung zurückgelassen, mein Mitbruder würde später wiederkommen. Nachdem alles erklärt war, fragte Gilda, die Sachbearbeiterin, ob ich, während ich wartete, Musik hören wollte. Es ergab sich, daß es Roberto Carlos war. Das Lied, dessen Text ich zitiere, war dabei. Ich hörte singen:

„... que além da vida que se tem existe uma outra vida além,
é assim o renascer. Morrer não é o fim.
... daß jenseits unseres Lebens ein anderes Leben ist.
So ist es Wiedergeburt. Sterben ist nicht das Ende.“

Das waren die Zeilen, die ich in jenem Augenblick gerade brauchte. Das Lied ging mit mir. Als dann mein Vater todkrank war, ergab es sich, daß ich das Lied, das ganze Lied, mit jemand anhörte, der dem Kranken sehr nahestand. Beide „wußten“ wir spontan: was hier angesprochen ist, das zählt, das „ist es“. So wurde das „mein Christuslied“. Und weil ich gelegentlich merkte, daß der Text auch andere ansprach, möchte ich es zitieren; ich habe es in schmucklose Prosa übersetzt. Es lautet:

Eines Tages war da ein Mensch mit einem Blick, schöner als alles zuvor.

In seinem Singen war Gebet, in seinem Sprechen der schönste Gesang, der je gehört wurde.

Seine Stimme sprach nur von Liebe, seine Gesten waren Liebe, dem Herzen brachte er Frieden.

Er ging durch Felder, stieg auf die Berge und sprach von der größeren Liebe.

Licht ließ er im Dunkel aufleuchten, die Sonne ließ er in jedem Herzen geboren werden, das begriff,
daß jenseits unseres Lebens ein anderes Leben ist.

So ist es Wiedergeburt, und Sterben ist nicht das Ende.

Alles, was er hier uns ließ, geht nicht vorüber und bleibt für immer.

Blumen an den Orten, die sein Fuß betrat, der sichere Weg für uns.

Ich weiß, eines Tages kommt er wieder, um anzuschauen, was er pflanzte,

Einzusammeln, was an Gutem wuchs, zu weinen um die Saat, die nicht aufging.

Doch noch ist die Zeit zu pflanzen, die Blume des Guten blühen zu lassen, daß sie wachse,

Damit wir sie ihm reichen, wenn er kommt.

4. Spiritualität als Standhalten

Faszination durch Gott, gut und schön. Doch kann das nicht doch zum Verlust der Wirklichkeit führen, zum Ausstieg aus ihr um des religiösen Rausches willen? Seit es „Jugendsekten" (heute sagt man: destruktive Kulte) gibt, ist die Frage gar nicht so müßig. Die Antwort lautet: Ja; Faszination im Sinne des biblischen Glaubens ist nur dort echt, wo sie sich mit einer Haltung von Glaubensstärke und Tapferkeit verbindet, die sich zuerst als Standhalten und die Fähigkeit hierzu zeigt.
Frömmigkeit, die heute fromm sein will, muß vielem standhalten können:

– Standhalten gegenüber der *Zeitlage mit ihren großen Bedrohungen und ihren tiefen Ratlosigkeiten*. Wir haben hiervon bereits im zweiten Kapitel gesprochen. Aber gelebt werden muß das auch: nicht allen Ärger, alles Leid, alle Jämmerlichkeit und alle Ängste „draußen" lassen, wenn es ans Beten geht, wenn Gottesdienst ist. – Ich habe es einmal erlebt, daß es als unpassend empfunden wurde, daß ausdrücklich für einen Kranken in dessen Gegenwart in den Fürbitten der Messe gebetet wurde – dabei kannte der Kranke seinen Zustand, und dieser war nicht lebensgefährlich ... Wieweit lassen wir die Wirklichkeit, die Zeitsituation und unsere Gefühle ihr gegenüber, in unsere Frömmigkeit hinein (oder nicht)? Wieweit kann unsere Frömmigkeit standhalten?

– Standhalten gegenüber den Mängeln, ja gegenüber der *Sünde in der Kirche,* die es nicht nur früher gab, sondern heute gibt, und die man nicht beschönigend einfach „das Menschliche in der Kirche" nennen sollte. Über die Frage habe ich mich schon kurz geäußert. Frömmigkeit wird sich auch hier als echt erweisen, in der Bereitschaft, sich prüfen zu lassen, wie in der Bitte, die dem Vaterunser gemäß ist, nicht über die Kraft geprüft zu werden.

– Standhalten gegenüber einem Teil kirchlichen Geschehens heute, das manchen Menschen die Freude am Glauben vergällt: den *Meinungsverschiedenheiten der Theologen*. Ich bezweifle, daß die ganze Kompliziertheit des Problems eingefangen ist, wenn man Diskussionen mit dem Argument quittiert, das Volk hätte ein Recht auf den ganzen und unbezweifelten Glauben – wobei dies natürlich zutrifft. Aber jener manchmal faszinierende, spannende, manchmal auch bedrückende Auftrag der Theologen ist damit nicht aus der Welt, sich um die heutige Umsetzung der Botschaft zu mühen und so den amtlichen Verkündern auch zuzuarbeiten; so wenig die Kirche eine Professorenkirche sein darf, so wenig dürften Theologen wie eine Art geistiger Funktionäre angesehen werden, die dem Volk die jeweiligen Parteierlässe aufbereiten *und sonst nichts* ... Andererseits darf sich die Frömmigkeit, auch die des wissenschaftlich arbeitenden Theologen selbst, daran erinnern, daß Spiritualität eben mehr und darum auch anderes ist als bloße Gedankenarbeit; daß also ruhig einmal ein

Problem offenbleiben kann, auch für eine ganze Generation; daß sich Glaubensfreude nicht erst einstellt, wenn alle theoretischen Probleme zufriedenstellend gelöst sind. So kann dann auch die Frömmigkeit den Dissenserfahrungen unter den Theologen, ihrem Streit und Ringen standhalten, d.h., der Glaube und das Frommsein brauchen darunter nicht zu leiden, im Gegenteil: selbst dort, wo ich selber meine eigene theologische Meinung nicht mehr aufrechterhalten kann, werde ich sie ohne Schaden loslassen können, wenn ich das Theologisieren zwar schätze, aber „relativ" sehe, d.h. bezogen auf seine weiteren Zusammenhänge. Daß dies keine Absage an das ernste und auch mühsame Nachdenken ist, daß Denken für die Frömmigkeit vielmehr wichtig ist, soll später noch gesagt werden (9. Kapitel).

– Schließlich wird sich Spiritualität als echt erweisen, wenn sie der *Rätselhaftigkeit Gottes* standzuhalten lernt. Denn Gott zeigt sich uns und bleibt, wie im nächsten Kapitel gesagt wird, doch Geheimnis. Das Aushalten-Lernen ist nicht leicht. Aber erst jene Spiritualität, die es im Ansatz schafft, die Unergründlichkeit Gottes auszuhalten, die sich in seiner Unbegreiflichkeit für unser Denken und in seiner Unergründlichkeit bezüglich seines Wirkens zeigt, erst jene Spiritualität wird echt und lebensfähig sein.

So bleibt das vierfache Standhalten Kriterium, Echtsheitsprüfung und Aufgabe für eine heutige Spiritualität, also dafür, daß man sagen kann: so muß Fromm-Sein heute sein.

4. Kapitel
Ein Gottesbild für uns

1. Gott, wie Er ist, oder ein Gott, wie wir ihn brauchen?

Die Frage, die in dem Zwischentitel steckt, ist eine boshafte, aber heilsame Frage. Seitdem der frühere Theologe und atheistische Philosoph Ludwig Feuerbach meinte, Gott wäre ein Gebilde des Menschen, seiner Phantasie und seiner Bedürfnisse („Der

Mensch schuf Gott nach seinem Bild und Gleichnis“) und seitdem die Psychologie uns jenes Aus-sich-Heraussetzen von Gedanken zu sehen lehrt, so daß wir tatsächlich vieles draußen vorzufinden meinen, was in Wirklichkeit wir in die Außenwelt vorher unbewußt hineinphantasiert haben (Projektion), seitdem dürfen wir in einer geistlichen Besinnung der Frage nicht ausweichen, ob wir nach dem für unsere Erfüllung dienlichen Gott uns das Bild von ihm suchen oder ob wir uns je nach unserer Glaubensentscheidung führen lassen wollen, den vollmächtigen Zeugen des Glaubens vertrauen, uns von ihnen, den Gotteserfahrenen der Bibel, und, als Christen, vor allem von Jesus von Nazaret sagen lassen wollen, wie und wer Gott ist.

Die Antwort ist im ersten Schritt leicht gesagt (nicht immer so leicht gelebt). Wenn Glaube das einfache, alles umfassende und rückhaltlose Vertrauen ist, durch das ich mich in das dunkel bleibende Geheimnis hinein anvertraue, weil ich darauf baue, daß auf dem Grund dieses Geheimnisses eine Liebe ist, die mich und alle meint, und wenn dieser Glaube zustande kommt auf Grund einer Botschaft, die ich höre, die mich an-spricht und der ich „Glauben schenke“, dann geht es bei der Frage nach dem Gottesbild sicher zuerst darum, besinnend, Lebenserfahrungen integrierend und betend immer mehr dahinter zu kommen, wie Gott ist. Wie er wirklich ist, gemäß den Zeugen, die mir von ihm erzählen und die mir den Zugang zu ihm eröffnet haben. Dann geht es nicht zuerst um einen Gott, den gerade ich „brauche“. Aber halt – das braucht ja gar keine Alternative zu sein. Wenn Gott mich, uns geschaffen hat, mit unserer Begrenztheit, unserer handfesten Leiblichkeit, unseren Sehnsüchten und Problemen, ist es dann so abwegig, von vornherein zu vermuten, der wirkliche Gott werde zugleich ein Gott sein, den wir heilsamer von uns aus gar nicht hätten erfinden können?

Dehnen wir diese Vermutung aus auf unsere Zeit mit ihren spezifischen Merkmalen. Das würde bedeuten: diese Zeit ist auch Gottes Zeit. Er hat sich ihr nicht entzogen. Er wirkt in ihr. Sollte dann nicht auch das Gottesbild der Bibel, wo wir aufmerksam danach fragen, nicht zugleich auch Züge enthalten, die gerade unsere Zeit braucht, die gerade ihr entsprechen? Ich bin davon überzeugt, daß dies so ist. Freilich, es ist sofort klarzustellen: in unserer Zeit wirken auch negative Kräfte. Dem, was diese Kräfte um uns herum und in uns wollen und wirken, wird das Gottesbild des biblischen Zeugnisses ungelegen kommen; es wird quer dazu stehen. Es wird nicht nur bestätigen und trösten, sondern irritieren und in Frage stellen. Der biblische Gott und seine Boten von Mose und Amos bis Jesus und Paulus rufen immer wieder in die Bekehrung. Dem Grundruf der Bibel „Fürchte dich nicht" folgt der andere Ruf: „Bekehrt euch, und glaubt dem Evangelium" (Mk 1,14) und immerhin auch die – bedingte – Drohung Jesu: „Meint ihr, nur jene waren Sünder? Vielmehr, wenn ihr euch nicht bekehrt, werdet ihr ebenso umkommen" (Lk 13,1–5), und dieser Warnruf ergeht an alle!

Dennoch: ich behaupte, daß zentrale Züge des biblischen Gottesbildes gerade heute sehr wichtig und hilfreich sind. Ich behaupte *zweitens,* daß gerade diese wichtigen Züge am Gottesbild oft genug in der herkömmlichen Frömmigkeit fehlen, und zwar sehr zu ihrem Schaden. Und ich behaupte *drittens,* daß es bei der Gottesnot vieler Menschen heute, die gelegentlich wegen eines gar nicht biblischen, düsteren Gottesbildes zur „Gottesvergiftung" (T. Moser) geworden ist, sogar besonders wichtig ist, die helfenden „Merkmale" Gottes aufzuspüren, und daß gerade so der Bekehrung besser gedient ist als durch das Drohen mit dem Angstmacher-Gott und dem Leistung urgierenden Werk-Gott. Doch ist hierüber noch am Schluß dieser Besinnungen im 10. Kapitel zu sprechen. Fragen wir also nach kennzeichnenden, zentral biblischen, oft übersehenen und für unsere Zeit besonders hilfreichen Wesenszügen des Gottesbildes, wie es uns bezeugt wird vom Gott der Väter, vom Gott Israels und vom Gott und Vater Jesu Christi.

2. Hauptkennzeichen des biblischen Gottesbildes

Vorab sei bemerkt: es ist fast unmöglich, mit wenigen Worten das Gottesbild der Bibel umfassend zu zeichnen. Vielleicht auch deshalb, weil es doch vielleicht verschiedene Gotteserfahrungen und folglich vielleicht verschiedene Gottesbilder gibt. Sicher nicht in der entsetzlich verkürzten und anscheinend noch immer fast unausrottbaren Form, die für das Alte Testament einen strengen, nationalistischen Rachegott, für das neue Testament einen lieben, nachsichtigen Vatergott als Gegensätze aufstellt. Derlei hatte zwar schon der Irrlehrer Markion im 2. Jahrhundert behauptet, und die Kirche wies das ab. Das verhindert nicht, daß es noch heute Christen gibt, die unbewußte Markioniten sind – wohl vor allem aus Unkenntnis des Alten Testaments. Aber das mit dem möglicherweise mehrfachen Gottesbild könnte dennoch stimmen: in der Vielfalt des Alten Testaments gibt es zu einigen Gesichtspunkten, etwa zum Zusammenhang von göttlichem Erbarmen und menschlichem Werk, von allgemeiner und für Israel spezifischer Auserwählung, zum schier unauflösbaren Thema der Verstockung, zur Bedeutung eines künftigen Messias, zum sogenannten Tun-Ergehens-Zusammenhang, d.h. der Verknüpfung von Sünde und Leid, ja wohl auch zur Sicht dessen, was Sünde eigentlich ist und wieweit Böses auch ungewollt, ja unbewußt geschehen kann, schließlich zu Formen des Gottesdienstes und der rechten Anbetung, verschiedene Auskünfte, die doch vermutlich auf verschiedene Gottesbilder zurückgehen, unter denen Jesus mit seiner Verkündigung und die Jünger mit ihrem Glauben dann eines eindeutig machen.

Dennoch gibt es Grundzüge im biblischen Gottesbild, und nachdem ich ehrlicherweise die eben gemachte Einschränkung vorgebracht habe, besteht nun doch wohl das Recht, vier solcher Grundzüge zum Gottesbild deutlich herauszuarbeiten, dies um so mehr als sie alle in manchen Formen und Haltungen herkömmlicher katholischer Frömmigkeit schlicht verkümmert sind.

a) Ein Gott, der die Initiative ergreift und behält

Wieviele Christen gibt es wohl auch heute noch, die bewußt oder unbewußt etwa so empfinden: Gott ist da, er ist mächtig, er kann mich auf ewig glücklich machen. Eigentlich ist er auch eher gut gesinnt, er ist kein schlimmer Gott, aber er ist doch nur unter bestimmten Voraussetzungen gut: erstens liegt es an mir, mich zu ihm aufzumachen, die Beziehung Mensch–Gott für mich in Gang zu bringen; zweitens ist er nur solange gut, als ich mich an die wesentlichen Vorschriften halte oder, wo dies nicht geschehen ist, mich der Reparaturmechanismen bediene, die das wieder in Ordnung bringen, eigentlich: mit denen ich das wieder in Ordnung bringe. Ist das überzeichnet? Ein wenig, vielleicht. Ist aber ein Bewußtsein etwa dieser Art selten? Das sicherlich nicht. Es wäre allenfalls durch ein anderes, ebenso erschreckendes Bewußtsein zu ergänzen, das für den letzten Teil der Überlegung sagen würde: Im übrigen ist Gott nicht nur gut, sondern so gut, daß er mir gut sein muß, egal, was ich tue – denn kleinlich ist er ja nicht. Diesen beiden Formen eines falschen Bewußtseins von Gott, der einen, daß ich zu Gott erst einmal von mir her Kontakt finden muß, und der anderen, daß ich eigentlich gar keinen eigenen Kontakt zu ihm brauche, weil er ja sowieso gütig sein muß, beiden Fehlformen steht die biblische Sicht entgegen. Weil aber unter eifrig religiösen Menschen sicher die erste Vorstellung mächtig ist, soll besonders im Kontrast zu ihr gesprochen werden von dem „Gott, der die Initiative ergreift und sie behält".

Der Gott der Bibel ergreift eigentlich ständig Initiativen, und Israel hat ihn so erlebt: er ist es, der das Volk befreit; er ist es, der die Prüfung des Exils von Babylon zuläßt; er ist es, der dann in einem zweiten Exodus Israel wieder durch die Wüste führen wird; er hat sich dieses Volk erwählt, obwohl, ja fast weil es so klein ist. Er hat ihm das Land und die Stadt gegeben, damit dort schließlich der Tempel gebaut werde, vor allem aber, „damit ich dort meinen Namen wohnen lasse". Und er ist es, der seine Boten erwählt. Dem Abraham zeigt er den gestirnten Himmel, um ihm die Zahl seiner Nachkommen zu verheißen; Samuel muß den erwählten David, den kleinsten der Söhne Isais, erst suchen, keiner der Beteiligten hätte an ihn als Kandidaten für das Königtum gedacht. Die Geschichte des Mose wird mit einer langen, legendarisch-bunten Erwählungs- und Rettungsromanze eingeleitet, bei der Erwählung Josefs zum künftigen Retter seiner Brüder in Ägypten geht es abwechslungsreich und romanhaft zu, und immer ist es Gott, der die Initiative ergreift. Bevor er fordert, gibt er, bevor er Weisungen erläßt, setzt er „wunderbare Taten" der Befreiung. Wenn die Evangelien des Matthäus und des Lukas offensichtlich wirklich sagen wollen, Jesus habe keinen menschlichen Vater gehabt, obwohl er doch andererseits durch seine Mutter Maria in der Ahnenreihe nicht nur irgendeiner „Menschheit", sondern seines Volkes steht, so wird auch hier nochmals sichtbar: das Neue, das Befreiende, das Heil-same geht nicht „vom Willen des Mannes" aus, sondern ist aus Gott geboren (vgl. Joh 1,13), was zu der Einsicht führt: „Aus seiner Fülle haben wir alle empfangen, Gnade um Gnade" (Joh 1,16).

Nun scheint es mir nicht nur wichtig, daß diese Überzeugung irgendwo im theologischen Verstand einen Platz bekommt, sondern daß sie sich in der Spiritualität auswirkt. Dann könnten in vielen von uns ähnliche, wenn auch unserem kleinen Format entsprechende Lern- und Befreiungsprozesse stattfinden, wie sie bei Therese von Lisieux zu finden sind. Sie war in der typischen Frömmigkeit des Zählens der guten Taten erzogen, gutgemeint, aber beengend und muffig: Gesinnungen zählen, Überwindungen registrieren, Strohhalme für den Jesus in der Krippe sammeln, aber auch gleichzeitig Perlen für die eigene Krone ... Welch ein Weg in das grandiose, wenn auch manchmal eigentümlich ausgedrückte Neue der Frömmigkeit, in die Haltung vertrauender Kindlichkeit, in das einzig richtige Verständnis des Jesuswortes vom „Werden wie die Kinder"; welch eine großartige, wenn auch dreihundert Jahre verspätete Antwort auf Luthers innere Plackereien, auf sein Suchen nach dem gnädigen Gott, das ihn selbst ähnliches fühlen ließ wie Therese (nur machte er eine Theologie daraus, die der Tradition in manchem fremd wurde und in Einseitigkeiten geriet). Aber welche Nähe zu

Therese, jenes angebliche letzte Wort Luthers: „Wir sind alle Bettler, das ist wahr." In dieses Nichts, da wir uns doch nicht „rühmen" können, wie Paulus schreibt, ergreift Gott seine Initiativen. „Alle unsere guten Werke hast du für uns getan", sagt die Bibel. Also geht es nicht darum, leer zu sein, mickrig und elend und selbst nichts zu tun. „Mit Ruhm und Ehre hast du ihn (den Menschen) gekrönt", sagt Psalm 8. „Gekrönt", ja, aber eben: „... hast du ihn gekrönt". Das ist der Gott der großen Taten im Leben der Gemeinde Gottes, also Israels, später der Kirche, und auch im Leben der einzelnen Menschen.

Ist einmal die Entdeckung des initiativereichen Gottes gemacht, ähndert sich fast alles. Auch das Beten wird anders. Die Dankbarkeit kann jetzt erst aufblühen, und es wird überdies verständlich, daß die alttestamentliche Sprache überhaupt nicht recht zwischen „Loben" und „Danken" unterscheidet. Man kann diesen Gott, der sich seine Wundertaten für uns ausgedacht hat, gar nicht unter Absehen von unserer Situation loben: also wird jeder Lobpreis zum Dank, wie es die Sprache der jüdischen Berachah-Gebete ist und wie es auch unsere Liturgie übernommen hat: „Gepriesen bist du, Herr, unser Gott, Schöpfer der Welt: du schenkst uns das Brot, Frucht der Erde und der menschlichen Arbeit ..." Das könnte doch auch bei uns in den Ruf des Psalmbeters ausmünden: „Du hast mich durch deine Taten froh gemacht, Herr, ich will jubeln über das Werk deiner Hände" (Ps 92,5)!

Auch das Bittgebet wird nun „anders". Die Bitte ist dann wirklich nicht mehr der Versuch, Gott erst eigentlich zu etwas zu bewegen, so daß wir ihn „motivieren" müßten. Vielmehr ist Bitten das Hintreten vor ihn in dem Vertrauen, daß er seine Art, heilsam initiativ zu sein, auch an uns zur Auswirkung bringe. Das hat nun gar nichts mehr von einem Umbiegen des Willens Gottes zu unseren Gunsten an sich; es ist aber auch kein bloß abwartendes „dein Wille geschehe". Es ist die wirkliche Bitte, Gott möge an uns tun, wie es seine Art ist, die wir „seit jeher" und „von den Vätern", vor allem aber vom Sohn gehört haben. Und wenn man theologisch sagen kann, in jedem rechten, auch sehr konkreten Fürbittgebet stecke letztlich die Bitte um Gott selbst, um seine

Liebe und sein Heil und darum sei jeder Bitte *letztlich* Erhörung sicher, dann geht das in die gleiche Richtung. Seit wir „in Jesu Namen“ beten dürfen, ist für den Christen eine letzte, schreckliche Unsicherheit genommen: Gott wird wirklich an uns initiativ *bleiben,* wie der Christus des Johannesevangeliums verspricht: „Wenn ihr den Vater um etwas bitten werdet, so wird er es auch um meines Namens willen geben ..., denn er selbst, der Vater, liebt euch, weil ihr mich geliebt und geglaubt habt ...“ (Joh 16,23.27).

Eines sei hier nicht beschönigt: Gottes Initiativen führen ins Heil, aber sie können durch Härten hindurchführen. Wo wir über das Leid sprechen werden, wird auch von den Prüfungen zu reden sein, die Gott anscheinend auch schickt ...

Ein Letztes folgt aus diesem Bild Gottes, des heilsmächtig und zuerst Handelnden: Gott behält die Initiative; das heißt auch, daß die Menschheit nicht sich selbst vernichten wird, nur aus Versehen oder dummem Zufall. Gott wird die Welt in seiner Hand behalten, dessen darf derjenige gewiß sein, der auf den Gott der Bibel schaut. Fast verstehen wir dann doch jenes fremdartige Wort Jesu, daß ohne Gottes Zustimmung kein Spatz vom Himmel fällt, weil jedenfalls Gott das Kranke heilen und aus Totem Lebendiges machen kann – und in letzter Weise will ...

Text

Ich hole euch heraus aus den Völkern, ich sammle euch aus allen Ländern und bringe euch in euer Land. Ich gieße reines Wasser über euch aus. Ich reinige euch von aller Unreinheit, von all euren Götzen. Ich schenke euch ein neues Herz und lege neuen Geist in euch. Ich nehme das Herz von Stein aus eurer Brust und gebe euch ein Herz von Fleisch. Ich lege meinen Geist in euch und bewirke, daß ihr meinen Gesetzen folgt, auf meine Gebote achtet und sie erfüllt. ... Ihr werdet mein Volk sein, und ich werde euer Gott sein (Ez 36,24–28).

b) Ein Gott, der vergibt, rettet und heilt

Auch dieser Grundzug gehört zu den großen Gemeinsamkeiten des biblischen Gottesbildes: Gott vergibt die Schuld, die Sünde; er rettet aus Not, und er heilt Wunden. Er tut dies freilich nicht immer sofort und nicht auf die Weise, wie wir es ihm in unseren Gebeten hoffentlich und berechtigterweise vorschlagen, es ihm aber hoffentlich nicht im Sturm abtrotzen möchten. Seine Wege sind offensichtlich nicht immer die unseren. „Wie schwierig sind für mich, o Gott, deine Gedanken, wie gewaltig ist ihre Zahl!", singt ein Psalm, der gerade von der umhüllenden Nähe Gottes ganz erfüllt ist (Ps 139, 17). Ich möchte hier, nachdem ein allzu naives Verständnis von Retten und Heilen abgewehrt wurde, betonen – gegen die landläufige Frömmigkeit und auch nicht wenige „amtliche" Äußerungen betonen: es ist eine Verarmung, daß von dem umfassenden Rettungswirken als Befreien, Vergeben und Heilen, wie es im biblischen Gottesbild begegnet, praktisch nur noch das Vergeben übriggeblieben ist. Nun mag es heute, wo nicht wenige Menschen andere Erfahrungen des Bösen machen als die gewohnte Sündenerfahrung, wie sie die Bibel auch deutlich kennt: „Gegen dich allein habe ich gesündigt" (Psalm 51), besonders wichtig sein, das Bewußtsein dessen, was Sünde ist, nicht abstumpfen oder vereisen zu lassen: die Wunde soll schmerzen, wenn sie Chancen der Heilung haben soll.

Auf der anderen Seite stimmt es biblisch, wie ich meine, einfach nicht, daß das einzige, wovon die Menschen und die einzelnen erlöst werden müssen, die Sünde ist. Solche Einseitigkeiten wurden gerade im Streit um die Befreiungstheologie wieder laut. Schließlich gibt es die Tobit-Erzählung von dem Engel Rafael (dessen Name bedeutet: Gott hat geheilt), von der Heilung des blinden alten Mannes und der Entmachtung böser Geister. Schließlich hat Jesus Kranke geheilt und Dämonen ausgetrieben. Mit den Dämonen sind mindestens an den meisten Stellen nicht Exponenten der Sünde oder des moralisch Bösen gemeint, sondern dunkle Kräfte, die „den Menschen hin- und herzerren, so daß er schon manches Mal ins Feuer fiel" (vgl. Mt 17, 15). Gerade aber wenn man zu Recht betont, die Wunder Jesu seien doch Zeichen dessen, was Jesus bringt und wie Gott ist, dann erst recht: Gott vergibt Sünden, er rettet und heilt! Und nun beachte man, was die zentralen Verheißungen sind, sofern sie in typischer Form in neutestamentlichen Schriften auftauchen:

- bei den Synoptikern (Markus, Matthäus und Lukas): das Reich Gottes;
- bei Johannes: das Leben (und zwar in Fülle, Joh 10,10);
- bei Paulus: das „In-Christus-Sein" oder das „Mit-Christus-Sein".

Am Ende aber – so wird verheißen – gilt: „Und er wird alle Tränen abwischen von ihren Augen, und der Tod wird nicht mehr sein, und kein Leid noch Geschrei noch Schmerz wird mehr sein. Und der auf dem Throne saß, sprach: Siehe, ich mache alles neu" (Offb 21,4–5). Und nun vergleiche man damit das ständige Bestehen darauf, daß es beim Christentum zuerst und zuletzt um die Erlösung von der Sünde geht, im Vergleich zu der alles andere zweitrangig sein müsse! Wie sollen Menschen diese verengte und gar nicht so biblische Sicht in ihr Leben hinein umsetzen, wenn sie hören müssen, Angst vor Krankheit, Einsamkeit, zerbrochene Beziehungen, die Leere, die der Tod eines Menschen hinterläßt, die Not, sich selbst zu finden und auszuhalten, aber auch Armut oder Monotonie des Alltags seien eben keine so wichtigen Nöte; sie seien gar nicht so erlösungsbedürftig; dem Christentum gehe es auch darum eigentlich in erster Linie nicht? Wie sollen jene Menschen ihren Gott als Retter, Befreier, Freund, als Liebe und Hoffnung auf Sinn erfahren, deren erstes Problem zur Zeit nicht die schwarze Erfahrung begangener schwerer Schuld ist, sondern andere Dunkelheiten des Lebens, nicht gar so schwarz, aber eben dunkel genug?

Die verengten Verheißungen einer sündenfixierten Aussage lassen solche Menschen leer ausgehen – und sie lassen sie allein in manchmal auch schrecklicher Öde und bringen den Trost nicht, den das biblische Gottesbild eigentlich bringen müßte ... Viele Menschen, die Jesus erlebten, kamen mit sehr vordergründigen Anliegen. Er hat, soweit ersichtlich, *deswegen* keinen abgewiesen (etwas anderes ist das Problem der hilfesuchenden *Heiden,* aber auch sie werden schließlich zugelassen). Er hat keinen abgewiesen, weil er in seinen bettelnd ausgestreckten Händen zuwenig übernatürliche Bitten hatte. Und gerade deswegen konnten Menschen dann auch das Ganze ahnen, das Jesus bringen wollte: „Sie priesen Gott, der Menschen solche Macht gegeben hatte", und sagten: „Er hat alles gut gemacht" – kein Wunder dann: „Alle suchen dich."

3. Ein Gott, der sich zeigt und doch Geheimnis bleibt

Als 1960, kurz nach dem Eucharistischen Kongreß in München, Kardinal Wendel starb, sprach am Abend nach den Nachrichten der damalige Bischof von Berlin, Kardinal Döpfner, ein kurzes Wort des Nachrufs. Er begann mit dem Zitat aus Jesaja: „Wahrlich, du bist ein verborgener Gott." Das Wort ist mir gut in Erinnerung geblieben; es ist mir seit dem immer neu begegnet. Im vollen Wortlaut müßte man wohl übersetzen: „Wahrlich, du bist ein Gott, der sich verbirgt, du Gott Israels, Retter" (Jes 45, 15). In diesem einen Satz drückt sich eine Spannung aus, die vielfach der Frömmigkeit fehlt, was sie weder biblisch „richtiger" noch lebensdienlicher macht: die Spannung zwischen dem Gott, der sich *zeigt* („Israels") und der doch ein Geheimnis bleibt.

Wo nicht leidenschaftlich daran geglaubt würde, daß Gott sich zeigt, sich immer wieder gezeigt hat, vor allem und „am Ende in seinem Sohn", dort wäre Glaube als geborgenes Vertrauen nicht möglich. Pascal hat in seinem berühmten „Memorial" recht: „Nicht der Gott der Philosophen", sosehr Philosophie wichtig ist und sowenig der Verstand eine Hure ist, wie Luther in Reaktion gegen spitzfindiges Distinguieren der Theologen gemeint zu haben scheint. – Gott zeigt sich. Er hat ein menschliches Gesicht. In der Ewigkeit, so hat Karl Rahner einmal geschrieben, würde uns Gott mit menschlichen Augen ansehen. Das ist gemeint, wenn wir sagen, unser Gott sei ein Gott, der sich nicht unbezeugt läßt, der sich „erweist", der sich „offenbart", kurz: der wahrnehmbar in unserer Welt da ist, und zwar, wohlgemerkt, auf menschliche

Weise! Aber Gott ist auch Geheimnis. Genauer müssen wir sagen: er ist nicht zusätzlich dazu, daß er uns zugänglich sichtbar wird, ein Geheimnis. Vielmehr ist auch die Überzeugung, daß Gott uns menschlich nahe ist, schon ein Stück jenes bleibenden, abgrundtiefen Geheimnisses, das Gott ist. Denn wer das ernst nimmt, daß Gott sich uns selbst gibt, der hat schon „Geheimnis" gesagt.

Nun wäre skeptisch zu fragen, wieweit dieser Wechselbezug zwischen Offenbar-sein und Geheimnis überhaupt jemand außer dem professionellen Theologen interessieren muß. Ich glaube, die angesprochene Spannung von „offenbar" und „unergründlich" ist sehr folgenreich. Der christlich fromme Mensch lebt nämlich, oder besser: er versucht zu leben in einem Vertrauen auf die erwiesene, sozusagen Fleisch gewordene Nähe eines Gottes, den er nicht begreift. Und der Christ muß mit beidem leben.

Das ist zunächst schwierig. Denn daß Gott sich uns mit-teilt, ist ja für die Vernunft ein wenig ärgerlich. Nicht nur wegen der Frage, wie Gott ein Mensch sein kann, sondern auch deswegen, weil Gott sich ja dadurch schrecklich eingeschränkt hat. Er ist Jude und nicht Römer, Grieche oder Germane. Er lebt zu einer bestimmten Zeit, nicht vorher oder nachher. Ist das nicht unwürdig des „Allerhöchsten, vor dem die Engel anbetend stehen"? Und ist es nicht ärgerlich vor allem für den aufgeklärten Verstand, der seit Lessing das Allgemeine für wichtiger als das Besondere, das „Notwendige" für wichtiger hält als das Geschichtliche? Der Christ, der glaubt und der seine Weihnachten feiert, ist mit diesem Bedenken vielleicht einigermaßen fertig geworden. Aber auch wenn er wie selbstverständlich geht, um mit seinen Kindern die festlich geschmückte Krippe in einer Kirche anzuschauen, kann er allein schon dadurch das Herausfordernde der Selbstgabe Gottes verfehlen: er kann im Anschauen der idyllischen Krippe ihre erste Botschaft übersehen. Das Kommen Gottes zu uns verwehrt uns nämlich, uns aus unserer „condition humaine", aus unserem Menschsein fortzuwünschen. Wenn Gott zu uns gekommen ist, wäre es sogar verfehlt, sozusagen aus unserem Menschsein auszuziehen, um zu ihm zu gelangen.

Es gab in der Menschheit immer wieder solche Gedanken: Vollendung sei, das Menschsein zu verlassen; die Seele, der Lichtfunke, der in Materie eingeschlossen ist, müsse sich befreien, und das sei „Erlösung". Oder: Alles Hiesige sei unwirklich, nur Schein, das Wirkliche sei außer uns, uns entzogen, höchstens in Schau und Aufschwung ahnbar. Sind das nun bloß außerchristliche Philosophien gewesen, Platonismus, Neuplatonismus, Manichäismus, Gnosis? Hat sich einiges davon nicht doch im christlichen Empfinden breitgemacht? Noch Nietzsche konnte meinen, das Christentum sei „Platonismus für das Volk". Wie konnte er, der Pastorensohn, das Christentum derart mißverstehen, wenn es nicht das Platonische im Christentum wirklich kräftig gegeben hätte? ... Leben angesichts dessen, daß Gott sich zeigt, heißt leben in der jetzigen menschlichen Wirklichkeit, in dem Bewußtsein, daß alles in diesem Leben Wichtige hier und in ihr geschieht (und nicht in künstlich ausgegrenzten und möglichst vom Menschlichen freigejäteten Bezirken), ferner, daß das, was jetzt menschlich wichtig ist und so geschieht, auch für die Ewigkeit bedeutungsvoll und wichtig ist.

Leben angesichts des Gottes, der sich zeigt, wie er eben bei Jes 45 als „Gott Israels", also als „unser Gott" angesprochen ist, das bedeutet aber auch stets aufs neue: er entzieht sich uns, er bleibt „der Gott, der sich verbirgt". Wehe der Frömmigkeitshaltung, die das übersehen oder verdrängen wollte! Niemand, sei es die Bewohnerin eines Altenheims (das sprichwörtliche „alte Mütterchen"), sei es der wohlinformierte flotte „moderne Mensch", sei es der Kirchenmann, Bischof oder Papst (oder auch Theologieprofessor), niemand begreift Gott und niemand sollte so tun, als ob er es täte. Gott ist Geheimnis, das heißt, er entzieht sich uns grundsätzlich. Ein Geheimnis ist kein Problem: Probleme löst man, Geheimnisse erkennt man und man erkennt sie an, man respektiert sie. Man kann sie gewiß bedenken und meditieren, aber um so tiefer werden sie, um so ehrfürchtiger müßte man werden. Und damit klarer wird, wie das gemeint ist: echte Geheimnisse gibt es in der Welt der Dinge im einzelnen wohl nicht. Nur das Ganze zusammen, die ganze Wirklichkeit – das kann vielleicht

Geheimnis genannt werden. Voller Geheimnisse aber steckt schon die Welt menschlicher Beziehungen. Denn jeder und jede, die mir zum „Du“ werden, wird dadurch auch zum Geheimnis. Ich spüre, hier gibt es etwas, das sich mir entzieht und das ich respektieren muß. Muß? Ja, weil sonst die Beziehung zerbrechen müßte. Und wo dies gegenüber meinen Mitmenschen noch abgemildert ist, mich nicht eigentlich im letzten herausfordert, weil ich um ihre Endlichkeit weiß, wird das Geheimnis dort erst zum Geheimnis, wo Gott begegnet. „Wahrhaftig, du bist ein Gott, der sich verbirgt, Gott Israels“ – aber dem Geheimnis darf ich trauen: „ ... Gott Israels, Retter“.

4. Ein Gott, der uns vor Rätsel stellt und prüft

Die meisten Erfahrungen, die hier auftauchen, wo von Gott gesprochen wird als dem Gott, der uns vor Rätsel stellt, sind wohl die seiner Unergründlichkeit und die unserer Leiden und unseres Todes. Weil darüber später gesprochen werden soll, seien hier nur zwei Anmerkungen gemacht:

– erstens erweist sich unser Ja dazu, daß Gott Geheimnis ist, erst dann als echt, wenn er anfängt, uns vor Rätsel zu stellen oder zu prüfen. Bis dahin kann man gut und theoretisch von Mysterien Gottes sprechen. Aber wo er Dinge tut oder erlaubt, die absurd, unerhört zu sein scheinen, gegen die sich das Beste in uns wehrt, dort wird's ernst mit unserer Anerkenntnis des Geheimnisses.

– zweitens sollten wahrscheinlich viele Menschen überlegen, die gern gläubige Christen sein möchten, was wir mit dem anstellen sollen, das die Bibel „Prüfung“ nennt. Das gibt es offensichtlich: Gott führt durch Dunkel, um dadurch etwas Positives heraufzuführen. Mag ein jeder sich die Frage beantworten: nehme ich das Gott übel, oder „erlaube“ ich es ihm? Stelle ich mich darauf ein, mein Leben lang einiges nie zu begreifen, was er in Gang setzt, und doch weiter auf ihn zu vertrauen? Versuche ich, einen Satz zu verstehen wie den: „Wen Gott liebt, den züchtigt er“ (Hebr 12,6)? Das ist doch pädagogisch überholt und psychologisch zweifelhaft. Aber vielleicht kann man den Satz auch so lesen, daß Gott, um seine Kirche, eine Gruppe von Menschen oder einzelne weiterführen zu können, sie „bearbeiten“ und „prüfen“ und Härtetests unterwerfen „muß“ – weil vieles vielleicht im Kern und Wesen von Liebe selbst liegt, mindestens dort, wo der Mensch als Sünder in sich uneins ist, daß Fortschritt in der Liebe (zu Menschen, zu Gott, zu sich selbst) nur möglich ist durch schrittweises Umschichten, Überwinden, Ordnen, Strukturieren der verschiedenen Stücke unserer selbst, daß solcher Prozeß aber de facto unausweichlich weh tut und auch erlitten werden muß (wir werden vom Reifen noch sprechen)? Wäre das nicht eine „Züchtigung“ durch den Herrn, die nicht von außen aufdiktiert ist, sondern die wir selber sind, indem wir mehr Mensch/Christ werden, wobei er uns allerdings auf diesem Weg immer wieder antreibt?

Leben lernen mit den Begreiflichkeiten (im doppelten Sinn des Wortes!) eines konkreten Gottes, der eben dadurch zum Geheimnis wird; der Geheimnis bleibt, vor allem auch dort, wo er uns Schweres zumutet, darauf wird es ankommen. Eine Spiritualität, die sich das nicht erspart, die das nicht verdrängt oder beschönigt, weil sie dann letztlich dem am Kreuz fragenden Christus den Rücken kehrt, erst eine solche Spiritualität wird auch unserer Zeit standhalten können, und sie weiß sich darin vom biblischen Menschenbild geleitet und bestätigt.

5. Ausblick

Der Gott der Bibel ist ein Gott, der Initiativen ergreift und behält; der nicht nur Sünden vergibt, sondern das universale Heil verheißt und jetzt schon hier und dort spürbar werden läßt; der sich zeigt und Geheimnis bleibt; der Rätsel aufgibt und uns prüft. Ist das nun auch ein Gottesbild, das faszinieren kann (davon hatten wir gesprochen)? Ist es ein Gottesbild, das standzuhalten hilft, standzuhalten angesichts der vielen Bedrängnisse, die das real existierende Menschsein täglich über uns aufhäuft? Ist es ein Gott, der uns aber auch den nötigen Weg zum Wachsen, Reifen und Fromm-Werden gibt, den wir doch brauchen, wo wir uns nicht Illusionen über uns machen wollen? Ist, kurz gefragt, der

Gott der Bibel für uns heute der rettende Gott, der Gott, der eine Menschheit in einer Werdewelt auf ihrem Weg zu begleiten bereit ist? Das ist die Entscheidung. Nach meiner Überzeugung ist der Gott der Bibel genau das, was heute helfen, was faszinieren kann. Und zwar nur er. Ich sehe sonst niemand: „es ist kein anderer Name ..."

III. Umsetzungen

Vorbemerkung

Im zweiten Teil hatte ich, nach der einführenden Besinnung des ersten Kapitels und damit des ersten Abschnitts dieses Buches, versucht, Grundlinien unserer Zeit zu zeichnen und aufscheinen zu lassen, wie wir in dieser Zeit fromm sein können, und wie diese Frömmigkeit oder „Spiritualität“ geprägt sein müsse. Es soll nun versucht werden, das Gemeinte an einigen menschlichen Grunderfahrungen zu verdeutlichen. Solche Erfahrungen sind: Zeit und Zeitlichkeit; Schmerz und Leid; Mißerfolge und Enttäuschungen; das Nachdenken; das Loben und Preisen Gottes oder die erfüllten Augenblicke. Im letzten Teil, der mit „Ausklang“ überschrieben wird, sollen dann einige zusammenfassenden Perspektiven beschrieben werden. Dabei bin ich mir, wie bereits angedeutet, der Bruchstückhaftigkeit insofern bewußt, als z. B. nicht ausdrücklich von Nachfolge Christi die Rede ist, obwohl dies ein zentrales Thema wäre. Auch von Askese wird nicht gesprochen, und welche Maßstäbe eine gute und notwendige Askese von schlechtem Asketismus unterscheiden helfen. Der Grund für diese selbstgesetzten --Auslassungen“ ist einfach der, das ich darüber schon anderwärts geschrieben habe und einmal Gesagtes nicht einfachhin wiederholen möchte. Den genannten Erfahrungen soll jeweils ein Kapitel gewidmet sein. Diese Kapitel werden kürzer sein als in den bisherigen Teilen des Buches. Sie werden Skizzen gleichen. Aber ich möchte ihnen für den ganzen dritten Hauptteil eine einheitliche Gliederung geben. Zunächst möchte ich die Erfahrungen selbst aufklingen lassen, und zwar so alltäglich wie möglich. Dann will ich Hinweise zur Deutung geben, schließlich einige Hilfen für den Umgang mit ihnen sagen.

5. Kapitel
Von Zeit und Zeitlichkeit

1. Die Erfahrung

Eben habe ich auf die Uhr geschaut. Ich habe überlegt, wie weit ich mit diesem Manuskript heute noch kommen werde. Ich habe daran gedacht, daß morgen schon wieder einmal Sonntag ist – eine Woche meines diesjährigen römischen Aufenthaltes ist vorbei. Ich habe mir gedacht, daß, obwohl wir kaum erst Weihnachten hatten, die Tage schon recht lang sind; daß es auch schnell gehen wird, und wir werden schon wieder Sommer und – kürzere Tage haben. Ich habe in den letzten Tagen eine Reihe von Leuten getroffen, die, wie ich auch, seit letztem Jahr bemerkbar älter geworden sind. Ich habe mir gedacht, wie schnell die dreißig Jahre vergangen sind, seit ich vor meinem Ordenseintritt zum ersten Mal in Rom war; und daß es keine weiteren dreißig Jahre geben wird. Die Zeit zerrinnt zwischen den Händen, und ich merke das immer deutlicher. Wenn man Mitte fünfzig ist, ist man, nicht nur nach dem naseweisen Urteil Vierzehnjähriger, eigentlich schon fast alt. Fast kein Recht mehr auf midlife crisis. Noch eben bereit, bereits Gelebtes zu vertiefen, hier und dort noch Neues zu wagen. Die Zeit eilt ...

2. Die Deutung

Die Deutung ist schwer. Beinahe jedermann redet über die Zeit. Davon, daß sie „Geld" sei; daß man sie manchmal totschlagen möchte; daß man sie ausnutzen müsse. Aber kaum jemand redet laut darüber, was für ein merkwürdiges Ding die Zeit doch ist. Der Prediger, der Kohelet, des Alten Testamentes, den manche Leute – wie ich meine, sehr zu Unrecht – nur ungern in unserer Bibel sehen, hat von der Zeit gesprochen. Von ihrer Begrenztheit und daß alles „Windhauch" sei (es ist das gleiche hebräische Wort, das dem Namen Abel zu Grunde liegt: chevel). Und der Kohelet hat gewußt, daß es eigentlich nicht „die" Zeit gibt, sondern Zeit zum Leben und zum Sterben, zum Lachen und zum Weinen, Zeit zum Umarmen und zum Lösen der Umarmung, Zeit für, Zeit für ... Ein anderer gläubiger Grübler, Augustinus, hat von der Zeit gesagt, wenn man ihn nicht frage, wisse er, was sie ist; solle er aber jemandem die Zeit erklären, dann wisse er es nicht.

Verzichten wir darauf, die Zeit zu begreifen; beschreiben wir sie ein wenig. Manchmal kann es nützlich sein, die Zeit einzuteilen in: Vergangenheit, Gegenwart, Zukunft. Sehr viele Sprachen tun das, und es liegt eine Erfahrung darin. Doch gehört Vergangenes und Zukünftiges so zusammen wie es in der Legende von den drei Männern im Walde heißt, jungen Rittern, die einem Toten begegnen. Der sagt ihnen: was ich bin, werdet ihr sein; was ihr jetzt seid, war ich. – Vielleicht hilft es aber auch, die Zeit noch anders einzuteilen, ein wenig dem Kohelet folgend. Dann entdekken wir, daß es in jedes Menschen Leben gibt:

– Funktionszeit; sie ist auf ein Ziel gerichtet: eine Besinnung über die Zeit zu schreiben oder das Auto zur Werkstatt bringen, oder eine bestimmte Tätigkeit wie Kochen, Waschen oder sonst etwas „fertig zu bringen".

– Daneben gibt es Zeit, in der ich jemandem zugewandt bin. Nennen wir sie: Begegnungszeit. Das kann ein Gespräch sein oder das Schreiben eines Briefes; das Warten auf jemanden gehört auch noch dazu. Es kann sich auf einen oder mehrere Menschen beziehen.

– Schließlich gibt es etwas wie Spielzeit. Zeit, in der ein Mensch nicht direkt funktionsgerichtet arbeitet, auch nicht in erster Linie auf andere gerichtet ist, sondern auf das selbstvergessene Spiel: Musik, Basteln, Werken. Aber es gibt auch das gemeinsame

Spiel: Kartenspiel, sportliche Spiele. Das Spiel kann wohl auch sehr tief gehen wie das Spiel der Liebe zwischen Mann und Frau ...

Hier wird deutlich, daß es Übergänge gibt. Arbeit kann zum Spiel werden, Begegnung zur lästigen Funktion, Spiel zur Begegnung. Trotzdem bleibt die Unterscheidung hilfreich. Sie lehrt uns verstehen, daß Zeit nicht etwas ist wie ein Bottich voll Wasser, aus dem man so lange schöpfen kann bis er leer ist, und aus dem man eben immer weiter das gleiche Wasser schöpft. Zeit will also gelebt, gestaltet sein. Und sicher fragt sich mancher, warum nicht der Begegnung mit Gott eine eigene Art von Zeit gewidmet wird. Das geschieht mit Absicht nicht. Denn Gott begegnen, ihm wirklich begegnen: schon die Formel verrät, welche Art Zeit das ist, wenn einer sinnvoll, mit seinem echten Selbst, betet oder wenn er über die Wunder der Wirklichkeit staunt und sich betrachtend hineinversenkt. Aber diese Hinwendung zu Gott kann zum Spiel werden (nicht zur Spielerei!), im Erleben der liturgischen Feier etwa, im Setzen von Zeichen und Symbolen, im religiösen Tanz. Und sagen wir es gleich: auch die Suche nach dem Antlitz Gottes kann zur Mühe werden, kann manchmal wie Arbeit, wie Pflicht erlebt werden. Das meint der jüdische Ausdruck für Gottes-Dienst, der auch dem sonstigen Wort für „Arbeit“ entspricht: avodah, wozu eved, der Knecht, gehört ...

Über diese Unterscheidung hinaus schlage ich eine weitere vor: es gibt gefüllte, dichte Zeit, es gibt Vorbereitungs- bzw. Vertiefungszeit, es gibt leere Zeit:

– Alle romanischen Sprachen kennen die Wendung vom „temps fort“, vom „tempo forte“. Gemeint sind Augenblicke, in denen Entscheidendes geschieht, in denen sich das Vorher oder das Nachher, oder beides, wie auf einen überschaubaren und erlebbaren Moment zusammenzieht: es gibt in jedem Leben solche „dichten Zeiten“.

– Diese sind aber eingerahmt von den Zeiten, in denen sich eine wichtige Situation, vielleicht über lange Zeit hin, vorbereitet, und Zeiten, in denen bis zur Ernte reifen kann, was in dichten Zeiten an Bedeutsamem gesät worden war.

– Schließlich gibt es die leeren Zeiten. Da geschieht gar nichts, nichts Positives, nichts Vorbereitendes, nichts Nachreifendes, noch nicht einmal Negatives, einfach – nichts. Nun, man darf diese Aussage nicht pressen. Denn vielleicht ist die Tatsache, daß eine Stunde oder ein Tag „leer“ blieb, schon etwas Schlechtes. Aber von den Auswirkungen und dem Erleben her gibt es das, den bis zum Schluß langweiligen Fernsehkrimi zum Beispiel, der 90 Minuten mit Leere gefüllt hat, weil nicht abgeschaltet wurde („es könnte ja noch spannend werden“). Eines ist allerdings hinzuzufügen: nicht alles, was als leere Zeit erlebt wird, bleibt fruchtlos. Vorbereitungs- und Reifezeiten können manchmal als scheinbar leer empfunden werden, die Erfahrungen großer Beter wie auch Erfahrungen des Alltags sind Grund genug, vorsichtig zu sein und keine schnellen Schlüsse über die Leere unserer Zeiten zu ziehen. Doch kann die Unterscheidung wohl im Ganzen hilfreich sein.

3. Was uns die Zeit lehrt

Diese Zeit, die so geheimnisvoll ist, lehrt uns gerade darum einiges über uns selbst. Weil sie unbegreiflich ist, erinnert sie uns an die grundsätzliche Unbegreiflichkeit unseres Daseins. Wir selbst sind das Geheimnis, nicht nur die Zeit. Daß wir sie nicht glatt in Formeln auflösen können, hat zu allererst damit zu tun, das unser Leben nichts Selbstverständliches ist: daß wir überhaupt existieren, aber eben seit einem genau angebbaren Zeit-Punkt, dann aber für immer. Die Zeit lehrt uns das Geheimnis sehen, das wir selbst sind.

Die Zeit sagt uns auch etwas über unsere Stellung in der „Natur“. Denn wir Menschen sind von den uns aus Erfahrung bekannten Geschöpfen die einzigen, die bewußt Zeit erleben. Weil es Zeit gibt, können wir unser Leben bewußt gestalten, sind wir nicht einfach eingespannt in Abläufe von Rhythmen und biologischen Zeitspannen, obwohl die Menschen auch diese erleben, manchmal auch religiös ausgestalten. Der Kreislauf des Jahres, die Sonnenwenden, die Jahreszeiten bleiben auch für Menschen prägend. Nicht zufällig auch erblicken viele Religionen und Mythen in der Frau und ihrer Prägung durch den Monatsrhythmus und im Mond geheimnisvolle Verwandte ... Und doch: dies eben bewußt erleben, sein Leben in den Rahmen der Zeitläufe hineinstellen, religiös oder säkular, das kann nur der Mensch, weil nur er Zeit als Zeit erfährt. Und so erst kann er auch planen, sich erinnern, aus Vergangenem Künftiges wachsen lassen.

Nur weil es Zeit gibt und wir Zeit erleben, ist demnach Verantwortung möglich. Und nur weil wir die Zeit als endlich erleben, ist sie Hineingehen in die Endlichkeit unserer jetzigen Zeit, ist Kunst des Sterbenlernens, seit alters „ars moriendi" genannt, möglich. Nun aber ist auch gefragt, wie wir denn das Beste aus der Zeit machen sollen, sie nutzend, „solange es Tag ist, denn es kommt die Nacht, in der niemand mehr wirken kann" (Joh 9,4).

Zuvor aber ist aus der Sicht des Glaubens zu vertiefen, was über die Zeit gesagt wurde, und über das, was sie uns lehrt. Der Glaube sagt uns: Gott gibt uns eine Zeit – sein Maß an Zeit für uns. Und er wirkt zeitlich. Heil geschieht für uns immer innerhalb unserer Zeit. Es gälte also zu erkennen, wieweit die Zeit ist.

4. Vom Umgang mit der Zeit

Zunächst wird sich der Christ wie jeder andere Mensch auch unter die Unerbittlichkeit (und sie kann unerbittlich sein) der Erfahrung von vergehender Zeit beugen. „Wie jeder andere Mensch auch"? Ja, in dem Sinn, daß dies dem Christen keineswegs erspart bleibt. Nein, nicht „wie jeder andere auch", weil der Christ nicht zu der stumpfen Überzeugung verdammt ist, nach ein paar Jahren von mehr oder wenigen dichten oder leeren Jahren würde sich die Zeitlichkeit ins Nichts hinein aufheben und so auch rückwirkend ihren Sinn verlieren. Nein, nicht „wie jeder andere auch", weil der Christ auch nicht meinen muß, daß sich sein persönliches, eigenes Leben, sein gelebt habendes Ich, später einmal in ein großes Meer gesichtsloser Lebensfülle auflöst – eine mindestens für viele Abendländer doch auch irgendwie befremdliche Vorstellung. Der Christ also wird sich der Zeit beugen und seine

Zeitlichkeit annehmen lernen. Wie schwer das ist, zeigen die Beispiele in der Lebensführung auch religiöser Leute, die sich im Alter fortwährend gegenüber sich und anderen unter Beweiszwang stellen; wie unter Zwang sind sie emsig, agil, und sagen damit: so alt bin ich doch noch gar nicht ...

Was es um die Annahme der Zeitlichkeit ist, das drückt der Psalm 90 auf einzigartige Weise aus. Denn seine Zeitlichkeit annehmen heißt zunächst, sich zugeben: „Unser Leben währt siebzig Jahre, und wenn es hoch kommt, achtzig, und das meiste daran ist Mühsal und Beschwer; denn eilends geht es vorüber, und wir fliegen dahin“ (Ps 90, 10). Bei diesem Einwand läßt der Beter es allerdings nicht bewenden. Ein paar Verse weiter spricht er die wichtige Bitte aus: „Herr, unsere Tage zu zählen lehre uns, damit wir ein weises Herz erlangen“ (Ps 90, 12). Das ist die entscheidende Bitte: wo das gelingt, worum hier gebetet wird, da beginnt einer zu lernen, welches die dichten Zeiten sind und welches die Bereitungs- und Reifezeiten; da wird einer die Funktionszeiten, die Begegnungszeiten und die Spiel-Zeiten zueinander bringen, und alle drei zusammen werden immer wieder stille Zeiten sein, die über sich hinausweisen, und dichte Zeiten, in denen einer ganz gesammelt da ist, und alles das wird geschehen in der demütigen Annahme der begrenzten Zeit. Könnte so nicht ein erfülltes Leben heranwachsen, trotz der auch leeren Zeiten, die es auch geben wird, trotz auch verfehlter Augenblicke? Darauf käme es in der Tat an: die Tage zu zählen, damit wir ein weises Herz gewinnen.

Aber das ist noch nicht alles. Ein drittes Psalmwort kann das Ganze noch zusammenfassen und ihm die Rundung geben: „Meine Zeiten sind in deinen Händen“, sagt Ps 35, 16. Das heißt, das Bisherige aus der Hand geben, vertrauend und auf Heilung hoffend loslassen; das heißt aber auch, das Künftige Gott anvertrauen. Denn der volle Doppelvers lautet, und das sagt eigentlich genug: „Ich aber vertraue auf dich, o Herr; ich spreche: du bist mein Gott. Meine Zeiten sind in deinen Händen.“

Vor Jahren habe ich das Wort vom Zählen der Tage jemand sagen gehört, der wegen einer schweren Operation vor dem Ende seines bisherigen Lebenszuschnitts stand. Das andere Wort, das von dem Vertrauen des Beters in die Hände Gottes, habe ich einmal jemandem auf die Todesanzeige geschrieben. Seither sind das für mich keine bloßen Bibelzitate mehr, sondern Bewahrheitungen. Diese drei Worte aus den Psalmen lehren mich den Umgang mit Zeit und Zeitlichkeit. Und vielleicht nicht nur mich.

Text

Ihr aber, die ihr sagt: Heute oder morgen wollen wir in die und die Stadt ziehen und dort ein Jahr zubringen und Handel treiben und Gewinn machen – ihr wißt ja nicht, wie es morgen um euer Leben steht! Denn ein Hauch seid ihr, der eine kleine Zeitspanne sichtbar ist, danach auch wieder verschwindet. Anstatt daß ihr sagtet: Wenn der Herr will und wir leben, wollen wir dies oder jenes tun. (Jak 4,13–15)

6. Kapitel
Von Schmerz und Leid

Was manchmal unter den Titeln „Der Mensch und das Leid" oder „Der Christ und das Leid" verhandelt wird, ist im Grunde schon etwas Künstliches, etwas Abstraktes. *Das* Leid gibt es gar nicht, es gibt konkrete Erfahrungen, die wir unter diesem allgemeinen Wort zusammenfassen, dem sich dann der Begriff des körperlichen oder seelischen Schmerzes leicht hinzugesellt. Aber jeder hat seine Leiderfahrungen, und so ist der erste Befund die Vielfältigkeit der Leidensmöglichkeiten, gleichzeitig doch auch die Notwendigkeit, sich damit „grundsätzlich", allgemein auseinanderzusetzen. Denn die Frage nach dem Leid ist eine der fürchterlichsten, die ein Menschenherz bedrängen können. Dabei bestimmen wir als Leid zunächst einmal: alles im menschlichen Leben, das für den Menschen zu einer intensiven Beeinträchtigung seiber selbst wird und das sich dadurch bemerkbar macht, daß es in irgendeiner Weise Schmerz, Angst oder Lähmung verursacht. Aber sichten wir ein wenig, was es zum Beispiel für Leidarten, für Leidmöglichkeiten gibt.

1. Erfahrungen

Anscheinend schnell getroffen, aber sehr problematisch ist die Unterscheidung in körperliche und seelische Leiden. Weil man heute weiß, wie beides zusammenhängt, ist diese Unterscheidung, die immer noch für Diagnose und Therapie nützlich sein kann, für uns wenig hilfreich.

Weiter führt uns in die Weite der Leidensmöglichkeiten die Unterscheidung von verursachten und unverursachten Leiden. Auch hier ist nochmals eine Unterscheidung möglich: selbstverursachte Leiden und fremdverursachte Leiden. Fremdverursacht sind viele Formen des Leides, das aus Armut, ungerechten sozialen Strukturen und Ausbeutung kommt. Fremdverursachtes Leid kann aus einer autoritären Erziehung erwachsen, es kann in einer Erziehung gründen, die auf Tabus, z. B. sexueller Art, oder auf Verdrängungen gründet, wie sie früher in Internaten der englischen Oberschicht, aber auch in kirchlichen Internaten vorkam. Doch auch Orientierungslosigkeit, Ichschwäche und Lebensuntüchtigkeit als Früchte der antiautoritären Erziehung müssen zu den Formen fremdverursachten Leides gezählt werden, ebenso wie Kriegsverletzungen und Arbeitsunfälle, Folgen von Verkehrsunglücken, aber auch Demütigungen durch weltliche oder kirchliche Vorgesetzte oder das Hineinwachsenmüssen in ein Milieu, in dem die Wahrhaftigkeit nicht, der Konformismus hingegen sehr geschätzt wird. Das Hineingetriebenwerden in eine Außenseiterposition, wie es in hoch integrierten Gemeinschaften (Dorf, Stamm) über Abweichler verhängt wird, gehört ebenso zu diesen Formen des Leides wie das Mißtrauen und die Angst, wie sie in Polizeistaaten herrschen. Dazu kommt das eigenverursachte Leid, wobei unter „Verursachung" hier nicht zuerst moralische Schuld gemeint ist, sondern das Auslösen einer Situation, die das Leid bringt. In diesem Sinn verursacht sein kann das Absterben von Beziehungen (Freundschaft, Liebe), das Überhandnehmen von Rivalitätsgefühlen (z. B. des Mannes gegenüber dem neugeborenen Kind, dem sich die Mutter zuwendet); das Verfehlen von gesteckten Zielen in Studium und Ausbildung, allgemeiner: verdorbene Chancen, nicht bewältigte Krisen, nicht überwundene Gewohnheiten.

Zu den nicht direkt, wenigstens nicht erlebbar verursachten Formen von Leid gehören viele Krankheiten: die nicht gefährlichen, aber schmerzhaften; die mit ungewissem Verlauf samt dem Warten auf die Diagnose; die lang andauernden, wenn auch nicht schlimmen, so doch lästigen; die dramatischen mit der Wendung zur Genesung; die unheilbaren. Zu allem kann noch das Leiden der religiösen Dimension kommen: die Erfahrung etwa, daß das eigene religiös-geistliche Interesse aus irgendeinem Grund immer mehr erlahmt. Der „Gott, der meine Jugend erfreut" (vgl. Ps 41), zeigt sich immer weniger. Oder die spontane Freude an der Kirche leidet Schaden, und zwar unter Umständen so, daß das unbefangene Wohlbefinden anderer in dieser Kirche noch mehr verwundet, in Einsamkeit treibt. Oder: der Gegensatz zwischen einer Tabu-Erziehung, die das eigene Seelenleben verbogen hat, und dem triumphalen Selbstgefühl, das manchmal in der Kirche spürbar ist, schafft nicht nur ein Gefühl des Widerspruchs, sondern des Grolls, ja der Belastung des Glaubens. – In den wenigsten Fällen führt Leiden in die klinische Depression oder in die gewaltsame Revolte. Depressive und Terroristen sollten deswegen auch nicht zu den einzigen noch sensiblen Menschen hochstilisiert werden, die gegenüber dieser angeblich total schlechten Gesellschaft (früher sagte man: bösen Welt) die einzig feinfühlige Reaktion an den Tag legen.

Weiter verbreitet als der psychische Zusammenbruch oder die Flucht in den Terror sind die kleinen Fluchten in die Kompensation. Sie sind nicht nur weniger spektakulär als ihre auffällige Verwandte, die Flucht in die Droge. Sie sollten wohl auch bis zu einem gewissen Punkt toleriert werden, die kleinen Fluchten und Kompensationen. Aber auch sie können gefährlich werden. Abhängigkeiten können langsam wachsen, wie unbemerkt. Dann verursachen sie Leiden, beim Betroffenen und bei den von ihm Betroffenen.

Selbstverursachtes Leid, fremdverursachtes Leid, unverursachtes Leid, das ist nicht dasselbe. Die Frage nach dem Warum und dem Wie von Leid und Leidbewältigung stellt sich denn auch jeweils verschieden. Doch bleibt das Bedrängende auch dann noch, wenn viele Fälle von Leid „erklärt“ und klar auf bestimmte, an sich vermeidbare Ursachen zurückgeführt werden können. Vergessen wir nach dieser Umschau unsere Unterscheidungen und Beispiele wieder, sprechen wir allgemein vom Leid und fragen wir nach Deutung und Bewältigung.

2. Deutungen

Ich habe den Abschnitt mit der Mehrzahlform des Wortes überschrieben: Deutungen. Das geschah bewußt, denn vorab sei gesagt, es gibt nach meiner Überzeugung eine Reihe von teilweise richtigen, aber ungenügenden und deshalb auch im Grund nicht weiterhelfenden Deutungen und keine ganz befriedigende Deutung bzw. Erklärung für das Leid. Ich werde später sagen, warum wir dem Leid trotzdem nicht ohnmächtig ausgeliefert sind. Zunächst aber zu den ungenügenden Deutungen. Ungenügend sind sie, weil sie eine Reihe von Fällen und Situationen erklären, aber andere nicht. Weil aber auch nur ein einziger Fall von wirklich unerklärbarem Leid genügt, um alle Erklärungsversuche zu Schanden zu machen, so sind sie allesamt zwar teilweise richtig, aber sie helfen allzu wenig. Sehen wir im einzelnen zu.

Eine *erste Deutung* sieht Leiden als Strafe von selbst begangener, eigener Schuld des Leidenden an. Die Auffassung findet sich auf der Ebene des Volkes im frühen Alten Testament. Der Prophet Ezechiel wendet sich aber schon dagegen, daß die Sünden der einen die Leiden der anderen verursachen. Er will, daß das Sprichwort nicht mehr unter den Israeliten genannt werde: „Die Väter haben sauere Trauben gegessen, und den Söhnen sind davon die Zähne stumpf geworden.“ Mit dieser Warnung wird der Zusammenhang von Sünde und Strafe auf den einzelnen zusammengezogen. So aber bleibt er lange Zeit bestimmend. Exegeten nennen dies den Tun-Ergehen-Zusammenhang. Er kann mit der Maxime illustriert werden: So wie du tust, wird es dir ergehen. In der Weisheitsliteratur spielt dieser Gedanke eine nicht unbeträchtliche Rolle, wobei er sicher weniger als Erklärung denn als Ansporn gemeint sein wird, denn man darf die Nüchternheit damaliger Menschen nicht unterschätzen.

Aber wie eine Fanfare schneidet der Klang der Frage Hiobs, des unschuldig Leidenden, in diese beruhigte Welt hinein. Er leidet, er weiß, er leidet unschuldig, und er schleudert Gott seine Fragen entgegen. Am Schluß erkennt er Gottes Größe, vor der er sich glaubend beugt, ohne eine Erklärung bekommen zu haben. – Die Frage bleibt nun offen. Nur der Zusammenhang in der Form: „Wer leidet, hat auch gesündigt“, ist von Hiob an in Frage gestellt. Im Leiden der Makkabäerbrüder erhält das Bewußtsein, Leid könne Unschuldige treffen, neuen Zuwachs – aus einer älteren Wurzel übrigens, dem Gedanken vom unschuldig leidenden Gottesknecht, wie er, etwa zur Zeit des Exils, im zweiten Teil des Jesajabuches begegnet. Jesus hebt den Zusammenhang: „Wer sündigt, muß zur Strafe leiden, also hat jeder Leidende sein Leid als Strafe verdient“, endgültig auf. Nicht nur die Bewohner des Turmes Schiloach, nein, alle werden umkommen, wenn sie sich nicht bekehren. „Oder meint ihr, nur sie waren Sünder?“ – Es wird also nicht gesagt, Leidende sind keine erlösungsbedürftigen Sünder. Bestritten wird aber der Zusammenhang, denn alle sind der Umkehr bedürftig. Der reiche Prasser des Gleichnisses wird auch nicht deshalb verworfen, weil er hartherzig war, mindestens steht das nicht im Text, sondern das Gleichnis richtet sich eben gegen jene Wiedervergeltungs- und Strafe-Sünde-Lehre, die es trotz Hiob zur Zeit Jesu gab und die es heute noch gibt.

Die Frage des Kranken: „Womit habe ich das verdient?“, ist biblisch „eigentlich“ überholt, und doch lebt sie weiter. Das Beispiel zeigt schon, hier geht es nicht um bloß akademische Fragen. Wer einmal erlebt hat, wie Erzieher von Behinderten von diesen Fragen eingefordert werden, der wird diese Problematik sehr ernst nehmen: „Womit habe ich mein Leid verdient?“ Wir könnten reflektierend hinzufügen: „Wenn es nicht nach Verdienst bzw. Schuld geht, ist das Leid dann nicht um so blinder, Gott nicht um so unverständlicher?“

Und doch hat diese erste Deutung gar nicht ganz unrecht. Es gibt genug Leid, bei dem man sagen kann, und zwar im Hinblick auf ein unrichtiges Verhalten: „Das kommt davon.“ Nur gibt es zuviele Fälle des Leidens von anscheinend Unschuldigen, als daß wir uns mit einer solchen, schon biblisch abgewiesenen Erklärung zufriedengeben sollten.

Eine *zweite Deutung,* wir besprechen sie kürzer, meint, durch Leiden erzieht und läutert uns Gott. Durch Leiden wird man reif. Das mag in nicht wenigen Fällen durchaus stimmen. Nur: Leiden kann auch brechen statt zu läutern. Und das bohrend-angstvolle Fragen könnte nachhaken: Warum hat Gott es denn nötig, uns auf diese oft ganz schreckliche Weise zu erziehen? Also trägt auch diese Deutung nicht weit genug.

Die *dritte Deutung* würde das Leiden als Ausdruck der Nähe zum Gekreuzigten beschreiben. Doch müssen wir hier zusehen. Ist damit gemeint: Durch Leiden ergänzen wir, was an seiner Erlösungstat ungenügend ist, so müßte man ein klares Nein sagen (trotz des gern mißverstandenen Kol 1,24). Er hat uns ein für allemal so erlöst, daß wir uns die Nähe zu ihm nicht erst er-leiden müssen. Ist das aber nicht als Ursache gemeint, ihm nahe zu sein, sondern als Symbol und Ausdruck der Nähe zum leidenden Herrn (so mag Teresa von Ávila ihr „Leiden oder Sterben“ gemeint haben), dann ist dagegen nichts zu sagen, sondern nur tiefer Respekt einer so vehementen Christusliebe entgegenzubringen, die in ihren Leiden eine Verbindung des Zeichens und Symbols zum Christusleiden sieht. Aber was ist mit den ungefragt Leidenden, die ihrem Leiden eine solch christologische Ausdruckskraft nicht zuschreiben können? Kann man das von jedem Christen verlangen? Das bezweifle ich, und so sind wir auch hier ohne letzte Klärung, abgesehen davon, daß sich in der Geschichte vermutlich auch manche psychische Störung hinter christologisch bezogener Leidensseligkeit verborgen hat.

Eine *vierte Deutung* schließlich würde, ganz anders als die dritte, das Leiden und Sterben als Platzmachen für die Nachkommenden sehen. Auch das hat sein begrenztes Recht. Aber hier wird übersehen, daß jeder Mensch (Tiere sind anders) sich als ein Ich wissen kann, das mit Recht fragen kann: Warum soll mein Tod der einzige Weg sein, anderen zum Leben zu verhelfen? So hilft auch dies nicht recht, und auch alle Deutungen zusammen haben so viele Schwächen und lassen soviel offen, daß sie nicht genügen.

Andere, bessere Deutungen kenne ich nicht. Hans Küng hat in einem kleinen Büchlein, das vielleicht zum Besten gehört, was er geschrieben hat, Erklärungsversuche aus Jahrhunderten Revue passieren lassen. Er dürfte Recht haben: Es ist nichts dabei, das wirklich weiterhilft. Somit stellt sich aber nun in alles bedrohender Weise die Frage: Sind wir dem Leiden so ausgeliefert, daß wir seine sinnlosen Opfer werden, und mit welchem Recht könnte sich dann jemand erdreisten, noch vom Gott der Liebe zu reden, wo wir doch keine Erklärung haben, um das Leid zu bewältigen? Oder aber: Ist eine Bewältigung denkbar, die auch ohne Einsicht in das Warum von Leid und Schmerz allgemein und meines Leides im besonderen möglich ist?

Die nun alles bestimmende Antwort ist hier nach meiner festen Überzeugung: Ja, auch ohne zu wissen warum, ist Leiden besiegbar und ertragbar *im Vertrauen darauf, daß es einen Sinn hat, obwohl mir dieser Sinn jetzt verborgen bleibt*. Der Christ nimmt die Kühnheit zu dieser Antwort aus dem Glauben daran, daß das Leiden Jesu, das auch keinen unmittelbaren Sinn zu haben schien, für Jesus selbst der Hindurchgang in die Herrlichkeit, für die Menschen aber die Versöhnung mit Gott bedeutet. Und dies, obwohl ihm das Psalmwort Ps 22,2 (als Jesu „Sterbegebet", wie manche Exegeten das nennen) neben dem bei Lukas zitierten Vertrauenswort aus Psalm 36 zugeschrieben wird. Psalm 36, das ist das „in deine Hände empfehle ich meinen Geist", sogar noch erweitert um die betont vertrauende Anrede „Vater". Aber erst beide Worte zusammen, obwohl in verschiedenen Passionserzählungen überliefert, ergeben die Dialektik des Sterbens Jesu, ja des Leidens überhaupt, sofern es im Blick auf Jesus Christus durchschritten wird: Frage des *Warum* und vertrauende Übergabe im Bewußtsein, *dennoch* von Gott gehalten zu sein.

Im Blick auf den so leidenden Christus kann der Christ sein Leid in ähnlicher Dialektik durchschreiten. Daß „der Christ" es grundsätzlich kann, dafür gibt es genug Einzelbeispiele. Menschen sind in dieser Haltung gestorben, also ist es überhaupt möglich. Daß es auch für jeden wichtig ist, dahin auch für sich selbst zu kommen, das besagte die alte Thematik von der „ars moriendi", der Kunst zu sterben, und vom Gebet um einen guten Tod. Doch sind wir hier schon bei der Frage nach der Bewältigung.

3. Schritte zur Bewältigung

Ich nenne es, hier besonders zurückhaltend, Schritte. Aber sie müssen genannt werden.

Ein erster Schritt ist die Klage. Das Klagen vor sich, vor anderen und vor allem vor Gott, also das Gebet der Klage. Der evangelische Exeget Claus Westermann hat wiederholt darauf aufmerksam gemacht, wie wichtig und wie vernachlässigt bei Christen das Gebet der Klage sei. Dabei sind die Mehrzahl der Lieder im Psalter, der doch hebräisch „Buch der Preisungen" heißt, Klagelieder. Meist gehört zu ihnen, was auch zu unserem Klagegebet gehören dürfte: Es wird die Not vor Gott ausgebreitet. Es werden ihre Gründe, heute für den einzelnen Psalm kaum noch rekonstruierbar, erzählt. Es wird an die Taten Gottes in früherer Zeit gedacht. Der Beter findet zu neuem Vertrauen: „Ich bin elend, ich habe Schmerzen, ich bin einsam ..."; „denn mir ist dies und das widerfahren"; „du aber bist mein Gott, und du warst früher bei mir"; „du wirst mich retten, mir helfen, es wird gut werden, und ich werde dir wieder danken".

Der *zweite Schritt* ist der Kampf gegen die Ursachen des Leides, soweit es verursacht ist und soweit die Ursachen behebbar sind. Der Kampf für eine, wie offizielle Dokumente in Lateinamerika sagen, gerechtere und brüderlichere Gesellschaft gehört hierher, wobei mit Kampf nicht Waffengewalt gemeint sein muß, meist sogar nicht gemeint ist. Kampf gegen Depressionen oder Einsamkeit. Gottlob gibt es auch in unserer technisierten und darum angeblich seelenlosen Medizin Ärzte, an denen das Engagement sichtbar wird, um der Menschen willen Krankheit zu bekämpfen und es dem Leid und dem Tod schwer zu machen.

Ein *dritter Schritt* wird darin bestehen, unaufhebbares Leid zu lindern. Auf der Ebene des Gesellschaftlichen entspricht dem dasjenige, was man in Lateinamerika manchmal abwertend mit „assistencialismo" bezeichnet, ein Lindern der Symptome (wir würden sagen: Almosen). Das wäre in der Tat zuwenig, wenn es dabei bliebe. Aber kluge Leute sagen auch, daß dort, wo Aufhebung der Ursachen von sozialem Leid nicht möglich ist, wenigstens Linderung wichtig ist. Mehr noch gilt dies im Gesundheitswesen. Wer Erfahrungen mit hartnäckigen oder lähmenden Schmerzen langdauernder Art hat, der wird skeptisch sein gegenüber jenen etwas forschen Ermunterungen, auf Analgetika zu verzichten und schmerzfähiger zu werden. Natürlich gibt es eine Unfähigkeit zu leiden, die lebensuntauglich macht, und natürlich wollen die Pharmaziebetriebe verkaufen, was auch bedeutet: zu viele Leute bekämpfen zu geringe Schmerzen zu schnell mit zu vielen Medikamenten. Doch das ist nur eine Seite. Die andere heißt, daß Leiden auch menschlich bewältigbar gemacht werden kann, wenn es gemindert und gelindert wird. Denn die Schmerzdichte oder -häufigkeit kann so hinderlich werden, daß dem Betroffenen die menschliche Energie ausgeht, mit seiner Situation überhaupt fertig zu werden.

Das St. Christopher's Hospice in London nimmt nur unheilbare Krebskranke auf. Sie werden, oft über lange Zeit, in einer nichts vertuschenden, aber liebevollen Atmosphäre so gepflegt, daß ihnen die schlimmen Schmerzen gelindert werden: so werden sie in Stand gesetzt, sich allmählich ihrem Sterbenmüssen zu konfrontieren; sie werden fähig, die Beziehungen zu ihren Angehörigen weiterzuführen und zu gestalten; sie sind fähig, äußere, fällige Dispositionen zu treffen, und je nach innerem Standort können sie sich religiös mit ihrer Situation auseinandersetzen.

Was alles nicht möglich gewesen wäre, wären die Wogen des Schmerzes über ihnen zusammengeschlagen.

Dieses Beispiel führt zu einem weiteren, dem *vierten* Schritt. Der von Leid Getroffene entdeckt in sich ungeahnte Kräfte, wenn er sich von der Freundschaft und der Liebe von Menschen getragen weiß. Jede menschliche Beziehung hat ihre bestimmte und unübertragbare Färbung. So wird sich das, was ich hier betone, anders konkretisieren in einer Familie, im Zusammenhalten von Eheleuten, anders im Miteinander von Eltern und Kindern, wenn die Not kommt und das Leid zuschlägt. Aber jeder, gleich in welcher Lebensform er lebt, ist glücklich zu nennen, der die Erfahrung von Freundschaft und Liebe macht, wenn er ins Dunkel hinein muß. Auch Ehelose brauchen solche Erfahrung, und Menschen in Ordensgemeinschaften müssen sich fragen, wie und wer für die Mitglieder einer solchen Gemeinschaft an der Seite des vom Leid Getroffenen stehen kann und stehen wird, ohne daß das nach Familienersatz oder nach befohlen-verkrampfter Zuwendung schmeckt.

Als *fünfter* Schritt braucht es ein kluges, vorsichtiges Einüben in Härtesituationen. Nicht so, als ob man fromm vorher schon „Leidbewältigung" spielen sollte. Das Leid kommt anders als geplant oder vermutet, und was äußerlich vorhersehbar scheint, kann ganz anders erlebt werden, als das gedacht worden war. Nein, kein bemühtes „Als-Ob", aber eine kluge, auch in Beharrlichkeit erworbene Steigerung der Belastbarkeit überhaupt, das wäre richtig. Nicht zu zimperlich sein, die notwendigen Dinge tun, auch wenn es hart wird, das ist ein, wenn auch indirekter, Schritt zur Bewältigung von Leid und Schmerz.

Ein *sechster Schritt* ist die Bereitschaft, dort, wo es das Leben fordert, sich dem Leiden anderer nicht zu entziehen. Den Preis der Liebe zu zahlen bereit sein, das heißt, erfahren und wissen, daß jede Liebe ihren Preis an Leid hat, das hieße also auch: bereit sein zu leiden, weil andere leiden müssen, und zweitens: bereit sein zu leiden, weil auch der Versuch, die Leiden anderer zu lindern oder zu bekämpfen, selbst Leid verursachen kann. Wer zu solchem bereit ist, der kann manchmal erfahren, wie ihm von hier her Kräfte zukommen, mit seinem eigenen Leid besser fertig zu werden.

Der *siebte, letzte Schritt* ist der Blick auf das Kreuz, auf denjenigen, der scheinbar umsonst litt und von dem der Glaube sagt, daß er so in seine Vollendung hineinging. Leid aushalten müssen, das ist immer auch ein Test darauf, wie echt es mir ist mit diesem Vertrauen auf den Gekreuzigten. Dankbar und froh darf derjenige sein, der beim Hindurchgehen durch das Leid erfährt: Mein Glaube trägt mich. Er verspricht dem Kampf gegen das Leid, daß dieser nicht nur hinhaltender Widerstand in einer doch verlorenen Schlacht ist. Er läßt erleben, daß alle die anderen Schritte zur Bewältigung des Leides noch getragen und gehalten sind von einer letzten Sinnhaftigkeit, auf die er vertraut, ohne sie zu „wissen“: daß am Ende und im Ganzen nicht der Schmerz und der Tod triumphieren, sondern Trost und Leben.

Natürlich sind wir Christen nicht allein auf der Welt. Andere Menschen leiden auch, und oft sind sie viel tapferer als manche Christen, die trotz ihres Glaubens zusammenbrechen. Wir haben hier nicht darüber nachzudenken, wie Menschen anderen Glaubens mit dem Leid fertigwerden sollen, sondern welches die Chancen des Christen angesichts des Leides sind. Die sieben Schritte könnten diese Chance sein.

7. Kapitel
Von Enttäuschungen und Mißerfolgen

Während ich dieses Kapitel schreibe ... Randnotizen

Heute ist so richtig ein Tag, um über Enttäuschungen zu schreiben, mindestens, um sie zu beschreiben. Die letzten Tage schien die Sonne, es war über Mittag recht warm. Heute ist es düster, bewölkt und wieder kühler. Dazu kommen ein paar Kleinigkeiten, die zum Thema Enttäuschungen gehören und die alle zusammen eine Stimmung der Unlust schaffen. Ich müßte seit ein paar Tagen einige Briefe an gute Freunde in Deutschland schreiben; soviel ich sonst vom gelegentlichen Briefeschreiben und von

Kommunikation halte, jetzt wird es mir lästig – weil ich an diesem Buch sitze, das mich zur Zeit kräftig in Atem hält. So werden die Briefe verschoben. Seit gestern liegt ein Paket mit Sachen hier, die ich selbst an mich geschickt habe. Fast ärgert es mich, daß es schon da ist und die italienische Post besser ist als ihr Ruf. Ich komme nicht dazu, es zu öffnen, aber der gelbe Karton ärgert mich auch. – Beim Mittagstisch, wo ich von einer Fernsehsendung erzählte, die mich geärgert hatte und auf die hin ich, was ich selten tue, an den Sender geschrieben hatte, verstanden meine Mitbrüder den Ärger gar nicht. Als ich nach Tisch, um jemandem zu helfen, ein Gespräch nach Deutschland versuchte, riß immer wieder die Leitung ab – fünfmal. Das Farbband, das ich in diesem Augenblick benutze, ist ausgetrocknet. Das ist so richtig ein Tag, um über Enttäuschungen zu schreiben ...

Ein paar Stunden später. Ich habe einen kleinen Gang durch die Straßen gemacht, es war zwar wärmer als ich dachte, aber nicht schön. Wenn die Sonne nicht scheint, wirkt Rom schäbig. Dazu kommt der Hauch von Lethargie, der für mein Empfinden von Jahr zu Jahr stärker wird. Es fällt mir auf, daß an immer mehr Stellen, freilich sind es insgesamt wirklich ganz wenige, eine Absperrung den Bürgersteig dort abschließt, wo Gebäudeschäden sein könnten. Die Stadt macht, wie immer außer der sommerlichen Ferienzeit, einen überfüllten Eindruck. „Quanno sei bella Roma" sang ein bekannter Sänger, Antonello Venditi, mit einem wirklich netten Text. Oft ist davon nicht mehr viel zu merken, und die Touristen werden auch noch staunen, wie ihnen die Preise weglaufen ... Ob sie auch enttäuscht sein werden über die vielen Baugerüste, die alle möglichen Säulen und Monumente ihren Blicken entziehen?

Enttäuschungen – es gibt Tage, die sind wie gemacht für Enttäuschungen. Denn natürlich kann es am nächsten Tag anders aussehen: die Sonne kann morgen scheinen, das Ferngespräch ist inzwischen auch zustande gekommen, und ich habe doch nur von kleinen Enttäuschungen berichten müssen. Es war nur eben die „richtige" Stimmung, um ein paar Gedanken zu sagen über Enttäuschungen (und diese können groß und schwer sein) und über Mißerfolge, von denen ich heute gar nicht berichten mußte. Ob diese Gedanken jemandem helfen können, wenn ich sie hier vortrage? In lebendiger Rede haben sie schon hier und dort gut getan (nur wenn man sich derlei selbst sagt, nutzt es meist wenig).

1. Erfahrungen

Es gibt viele Arten von Enttäuschungen: ein Plan glückt nicht, schlechtes Wetter macht einen Urlaub halb zunichte, auf den sich die Familie das ganze Jahr gefreut hat. Menschen enttäuschen einander, weil sie weniger gut, egoistischer, kleinkarierter oder weniger treu sind als erwartet. Der Glaube hilft nicht in dem Maß, das Leben zu meistern, wie es erhofft oder erbetet war. Ein Mensch wird trotz vielen Mühens seiner Fehler nicht Herr. Wie vielfältig, wie verschieden schmerzhaft kann das alles sein! Enttäuschungen können sich auf Beziehungen zu Menschen gründen, auf Erwartungen an sich selbst, die da waren und sich nicht bewahrheiten, oder auf Pläne und Vorhaben. Dann spricht man von Mißerfolgen; sie sind eine Art von jenen ständig auf uns wartenden Enttäuschungen. Die Aufzählung mag, besonders nach den gewiß sehr privaten, sehr kleinformatigen Randnotizen genügen.

2. Deutung

Der Philosoph wird darauf aufmerksam machen, daß Enttäuschungen vorhersehbar sind, ja, daß sie einen notwendigen Bestandteil des Menschseins bilden. Wir haben alle teil an der grundsätzlichen Begrenztheit alles Menschlichen. „Kontingenz" mag man das im Fachausdruck nennen: Alles Menschliche hat seinen Bestand und seinen Wert nicht aus sich selbst, kann sich nicht selbst in Zufriedenheit und Erfüllung wandeln. Der Theologe wird das mit dem Hinweis auf die grundsätzliche Gebrochenheit und Sündigkeit des Menschen ergänzen. Diese zeigt sich, über die einzelne ungute Tat hinaus, als Unstetigkeit, als Wichtignehmen des eigenen Ich, als Weigerung, so klein zu sein wie man ist, oder, umgekehrt, als Weigerung, zu wachsen und größer zu werden als man ist.

Der Pastoralsoziologe P. M. Zulehner hat den Wunsch nach Wurzelfassen und nach Entfaltung und Freiheit, nach Selbstsein und „Identität" als Grundsehnsüchte der Menschen festgestellt;

wobei man zugeben muß, daß dies zwar richtig, aber ein bißchen abstrakt ist. Andreas Resch, Psychologe und Parapsychologe, nennt es den Wunsch nach Anerkennung einerseits und nach Geborgenheit andererseits. Man könnte ein wenig maliziös kommentieren, den Wunsch nach Kleinsein (Geborgenheit) und Großsein (Anerkennung) zugleich. Der amerikanische Psychologe A. Maslow hat seine bekanntgewordene Hierarchie der Bedürfnisse formuliert, wobei er der Meinung zu sein scheint, daß erst die grundlegenden Bedürfnisse befriedigt sein müssen, bevor die „höheren" Bedürfnisse in den Blick kommen. Sosehr es stimmt, daß extrem Hungernde oft nur noch vom Essen phantasieren, so müßte aus dem angedeuteten Gedankengang folgen, daß nur Satte glücklich sein können, was auch nicht stimmt.

Ein Befund drängt sich nach solchen Überlegungen auf. Der Mensch ist wirklich ein grundsätzlich bedürftiges Wesen. Sein Leben verläuft gestört, wenn er ständigen Enttäuschungen ausgesetzt ist. Das Ganze wird noch schlimmer, wenn er keine Hilfen, keine Motive hat, mit Enttäuschungen umzugehen. Ein solches Motiv war zweifellos in früheren Zeiten ungebrochenen Jenseitsglaubens und selbstverständlicher Religiosität der Trost auf ewigen Ausgleich und auf ewigen Lohn – wenn dies nicht wieder durch starke Angst vor Fegefeuer und Hölle neutralisiert wurde. Wie es auch um die Motive stehen mag, die Rechnung, die einen inneren Ausgleich sucht, und die überlegt, wie die Erwartungen an das Leben und die Realität so in Einklang gebracht werden können, daß daraus doch ein glückliches Leben wächst, diese Rechnung geht grundsätzlich nicht auf. Die Vielzahl der Antworten auf die Frage nach der „vita beata", dem glückseligen Leben, haben alle miteinander gemeinsam, daß sie vor der Praxis nicht standhalten. Weder die angestrebte totale Seelenruhe des Stoikers, die sich aus der endgültigen Überwindung der Gefühle und aus dem Blick auf die eigene Tugendvollkommenheit nährt, vermag zu helfen, noch die gemessene Kunst des realistischen Genießens, wie sie dem Epikuräer vorschwebte, noch die entschlossene Demaskierung und Verachtung all dessen, wonach andere Menschen streben, wie der Kyniker sie empfahl, halfen wirklich weiter. Das war in der Antike so, und es ist heute nicht sehr anders. Weder die Flucht in Beruf und Karriere noch in eine intensive Sinnlichkeit, noch in das Unbeteiligtsein meditativer Versenkung scheinen gangbare Wege zu sein. Und mit einfachen religiösen Hinweisen und frommen Auskünften ist es wohl auch nicht getan. Die Bewältigung könnte aber möglich sein, und vielleicht bedarf sie gar nicht eines großen geistlichen Kraftaktes, sondern nur eines geistlich klugen Einstiegs?

3. Hilfen

Das *Erste,* das fällig ist, scheint mir auch hier das Zulassen der Enttäuschungsgefühle zu sein. Auch ein fleißiger, gewissenhafter und gläubiger Mensch, der ehrlichen Herzens versucht, zuerst das Reich Gottes zu suchen, kann öfter in Situationen kommen, wo er bitter erfährt, daß ihm zunächst und sofort „alles andere" nicht hinzugegeben wird, obwohl ein Herrenwort dies verspricht. Ist ein solcher Mensch darum zuwenig gläubig? Ich glaube, es ist eher so, daß in bestimmten Situationen die Bewältigung, das, was manche Psychologen die Trauerarbeit nennen, unumgänglich ist. Der Glaube wäre dann nicht die Kraft, die solches erspart; er wäre vielmehr ein Motiv, das Trauerarbeit besser möglich macht und – vielleicht! – verkürzt und erträglicher sein läßt.

Es gibt zu diesem Thema eine wichtige und übrigens ganz köstliche Episode in der Bibel. Der religiöse Chauvinist Jona, der den heidnischen Ninivitern, die er gar nicht mag, Buße predigen muß, damit sie nicht verlorengehen, ist nach Erfüllung seiner Mission übelgelaunt und setzt sich auf einen Berg in der Nähe der Stadt. Gott, so sagt uns dieses Lehrgedicht, „ließ sich das Unheil gereuen, das er ihnen angedroht hatte, und er tat es nicht. Das verdroß Jona gar sehr" (Jon 3,10–4,1). Gott läßt einen Rhizinusstrauch wachsen, über den der Prophet sich freut, aber am nächsten Tag läßt Gott ihn verdorren, „und die Sonne stach Jona aufs Haupt, so daß er matt wurde. Da wünschte er sich den Tod und sprach: Es ist mir lieber, ich sterbe, als daß ich noch weiterlebe. Gott aber sprach zu Jona: Ist es recht, daß du so zürnst um des Rhizinus willen? Er antwortete: Ja, mit Recht zürne ich so, daß mir das Leben verleidet ist" (Jon 4, 7–9). Und nun erst spricht Gott jene Worte, die den Schlüssel zur Botschaft des ganzen Buches sind, daß Er nämlich das Heil auch der Heiden will und daß diese vielen Menschen doch ungleich wichtiger seien als der kleine Unmut des Jona. Ist aber nicht dies das Menschliche an der Erzählung, daß Jona wirklich enttäuscht ist, sogar eigentlich bis zur Unverschämtheit? Nun soll Letzteres nicht als Modell von Frömmigkeit angepriesen werden. Aber das echte und wirkliche Zulassen von Gefühlen der Enttäuschung ist der erste Schritt zu ihrer Bewältigung.

Das *Zweite* ist, wie beim Leid überhaupt, die gläubige Klage, das Gebet der Klage. Davon war bereits die Rede. Doch glaube ich, daß gerade bei Enttäuschungen und Mißerfolgen manch ein religiös strebsamer Mensch versucht sein könnte, zu schnell sein „Amen, so sei es" zu sprechen – und genau dann wird es leicht unecht!

Das *Dritte* wäre ein gutes Gespräch. Wie viele Menschen sind mit ihren Enttäuschungen gut fertig geworden, weil sie jemand hatten, der ihnen zuhörte, dem sie ihre Enttäuschungen erzählen konnten und der darauf das richtige Wort fand! Hoffentlich gibt es das in vielen Familien. Aus meiner Erfahrung und aus meinem Lebensbereich weiß ich, daß dies eine der größten Geschenke eines guten Miteinanders im Kloster sein kann, einander von Enttäuschungen erzählen zu können. Das kann nicht dauernd geschehen, wie auch derjenige, der ständig von Enttäuschungen und Mißerfolgen gequält ist, erst einmal fragen muß, wo und wie er selbst sich ein wenig besser auf seine seelischen Füße stellen kann (wozu er vielleicht auch wieder Hilfe braucht). Aber im normalen Rahmen ein oft kurzes Gespräch, und siehe, man entdeckt: die Sache ist eigentlich halb so wild.

Das *Vierte* ist dann die Relativierung, das Hineinstellen dessen, was mich so ärgert, in die rechten Größenverhältnisse. In Irland, so hörte ich, sage man sehr oft: „It could be worse", es könnte schlimmer sein. Wäre es nicht sehr gut, sich das, bewußt und systematisch, zu sagen und das auch zu lernen?

Das *Fünfte* ist die Bereitschaft, aus Enttäuschungen zu lernen. Anders scheint es vielfach im Leben nicht zu gehen. Also könnten auch Mißerfolge eine Chance sein? Ich bin noch heute für manche Kritik an den Entwürfen mancher schriftlicher Versuche dankbar; im einen Fall war die Kritik besonders herb, sie zwang mich zur gründlichen Neubearbeitung eines Manuskripts, und heute stelle ich mir nur mit leichtem Schrecken vor, was geworden wäre, hätte man mich vor dieser Enttäuschung und diesem „Mißerfolg" verschont. Natürlich kann das „Wer weiß, wozu es gut ist" auch ein billiger Trost sein. Und es gibt manches, was uns enttäuscht, von dem wir nie erfahren werden, ob und wozu es gut war. Aber die Erfahrung nachträglicher Bestätigung: „Es war doch gut so und nicht anders", es gibt sie eben auch. Als Möglichkeit darf sie der Enttäuschte einbeziehen.

Schließlich aber ein *Sechstes:* die Zeit heilt manche Enttäuschung. Das ist fast zu banal, um es sagen zu dürfen. Aber wenn es doch stimmt? ... Der Glaubende wird gerade hier mit seinem Glauben ins Spiel kommen. Er kann nämlich seine Enttäuschungen und Mißerfolge aus der Hand legen, sie in Gottes Hände legen, sie von ihm heilen lassen. Im vorletzten Kapitel wird davon eigens gesprochen. – Es gibt also doch einiges, das man demjenigen sagen kann, der vor einem kleinen oder großen Scherbenhaufen steht. Nur Rezepte sind es nicht. Hinweise könnten es sein, aber nur so, daß alle die genannten Schritte durchmessen werden und der Geprüfte sich dazu auch jeweils die nötige Energie erbittet.

Nachtrag zur Randnotiz dieses Kapitels

Es ist Abend geworden. Manches Unangenehme im Tageslauf ist schon vergessen, die kleine Besinnung hat es zurücktreten lassen. Ich höre den Brunnen im Hof plätschern. Die Ruhe des Abends kommt, und mit ihm fällt mir ein Liedtext von Reinhard Mey ein, der das Zur-Ruhe-Kommen am Abend besingt, da die Hetze und Hitze des Tages vergeht, der Kranke lindernden Schlaf findet. Das Lied hat den Titel: „Alles wird gut." Vielleicht wirklich?

8. Kapitel
Vom Nachdenken im geistlichen Leben

Manche Erfahrungen, auch der Enttäuschung und des gelegentlich kräftigen Mißerfolgs, haben mich über dieses Thema *nachdenken* lassen und lassen mich hier ein paar Seiten dazu schreiben. Es ist nämlich weder harmlos noch folgenlos für den Glauben und das Frommsein, wie einer sich zum Nachdenken in religiösen Fragen stellt.

1. Erfahrungen

Es gibt Erfahrungen, die zeigen, daß manchen Menschen das Glauben leichter und froher wird, wenn sie jemand finden, der ihnen bestimmte Fragen klären hilft, mit dem zusammen sie nachdenken können, der sie auf ein Buch oder einen Artikel hinweist. Solche Menschen brauchen für ihre Frömmigkeit, die mit Problemen auch theoretischer Art beladen ist, die Hilfe der Nachdenklichkeit.

Ich erinnere mich an eine gar nicht verstiegen intellektuelle Dame mittleren Alters, die eines Tages im Rahmen eines alltäglichen Besuches fragte, ob man das denn glauben „müsse", daß Maria von Anfang an alles über das Schicksal ihres Sohnes gewußt habe. Sie war sichtlich erleichtert, als ich ihr sagte, das gehöre nicht zum Glaubensgut der Kirche. – Ich erinnere mich an die Teilnehmerin einer Pilgerfahrt nach Israel, die mich auf dem Weg von der Dominus-flevit-Kirche ins Kidrontal nach dem Ablaß fragte. Den herrlichen Blick auf den Tempelberg vor uns, später dann die Straße ins Tal hinuntergehend, zwischen den weißen Steinmauern, wo meist „zufällig" ein Reiter auf einem Esel vorbeikommt (Fotografieren gegen Entgelt), die russische Kirche zu unserer Rechten, sahen wir von alledem kaum etwas, aber die Fragerin bedankte sich, es hatte ihr offensichtlich etwas geholfen, was ich ihr in Blitzzusammenfassung der Gedanken K. Rahners über „zeitliche Sündenstrafen" und Ablaß hatte sagen können. – Ein alter Herr war durch einen Todesfall, der ihn hart traf, auf die

Frage gestoßen und stellte sie mir, was es eigentlich bedeute, wenn wir für die Toten beten. Nach unserem Gespräch hat er weiter für die Toten gebetet, und ich bin sicher, er hat es ehrlicher und – somit – besser getan.

Es gibt Menschen, die das Fragen, das Nachdenken sehr ernst als Teil ihres Lebens vor Gott, ihrer Frömmigkeit ansehen. Es gibt andere Menschen, die völlig entgegengesetzt reagieren. Mag ein Psychologe die Ursachen im Menschentyp oder in dem jeweiligen Lebensverlauf suchen, sie sind jedenfalls da. Sie hören auch die gleichen Predigten oder Exerzitienvorträge, sind in den gleichen Pilgergruppen, begegnen auch in verschiedenen Situationen und suchen auch ein Gespräch mit dem Seelsorger. Doch ihre Erwartungen sind anders. Sie empfinden „zuviel Vernunft" beim Sprechen über Glaubensdinge eher störend. Was sie suchen, was sie zu brauchen meinen, ist nicht Grübeln; nicht die Analyse suchen sie, sondern die Betrachtung. Religiöses Problematisieren kommt ihnen irgendwie unfromm vor, kalt oder freudlos. – Bei Menschen, die erst nach einem langen Weg zum katholischen Glauben kamen, sind diese beiden Typen, zwischen denen es natürlich viele Mischformen gibt, besonders deutlich auszumachen. Die einen sind weiter Grübler und Sucher, gewiß betende Sucher, aber eben Suchende. Die anderen sagen sich oder anderen, sie hätten sich jetzt ihren Standpunkt errungen und damit sei es des Problematisierens genug. Angesichts so unterschiedlicher Erfahrungen sei wegen seiner Bedeutung ein Wort über das Nachdenken gesagt, anschließend soll auf die Praxis geblickt werden.

2. Deutung und Bewertung des Nachdenkens für die Frömmigkeit

Was „bringt" es für die Frömmigkeit, das Nachdenken? Bevor darauf im dritten Abschnitt etwas gesagt wird, ist aus katholischer Sicht und Tradition heraus zu skizzieren, wie diese das Nachdenken sehen und bewerten. Um es kurz zu sagen: eindeutig positiv. Katholische religiöse Tradition sieht den Verstand nicht als Feind des Glaubens an, wie jener alte Herr, der die Teilnahme an einem Glaubensseminar mit den Worten ablehnte, er wolle sich seinen Kinderglauben erhalten. „Fides quaerens intellectum", heißt ein mittelalterliches Kernwort: der Glaube sucht und braucht das Verständnis, die Erschließung. So sehr der christliche Glaube keine theoretische Weltanschauung ist, sondern eine Beziehung; sosehr sein Kern nicht, wie man früher oft unbiblisch sagte, eine Art Wissen mit anderen Mitteln, nämlich auf die Autorität anderer hin, ist, sondern ein Vertrauen, so wenig darf doch andererseits der Christ meinen, die Entfaltung seines Glaubens sei dann am besten aufgehoben, wenn er möglichst wenig über ihn nachdenke.

Die Trennung von Glauben und Lebenswissen oder von Glauben und Fachkenntnissen ist nicht selten bei Akademikern, besonders bei Naturwissenschaftlern, anzutreffen. Sie nehmen nicht selten ein wenig an der geistigen Situation ihres großen Kollegen Louis Pasteur teil, der von sich gesagt haben soll, er habe sich den Glauben eines bretonischen Fischermädchens bewahrt. Oft ist der Grund für solche eigentümliche Trennung, daß den entwickelten Fachkenntnissen im eigenen Bereich zurückgebliebene, im Kindesstadium fixierte religiöse Bewußtseinsinhalte gegenüberstehen. Um die nicht zu gefährden, wird lieber nicht nachgedacht. Lange kann das, im Sinn eines echten Glaubenslebens, nicht gut gehen. Es sei daher davon abgeraten. Keinesfalls sollte man es zum Ideal erheben.

3. Hilfen für den Glauben, die aus Nachdenklichkeit kommen

Nun zur Frage: Was „bringt" das Nachdenken? Und was kann man in dieser Hinsicht tun? Zunächst kann Nachdenken, Lernen und die Botschaft besser kennenlernen hier als ein Ganzes gefaßt werden. Denn es wäre auch ein Nachdenken über Gott und den Glauben denkbar, bei dem es kein neues Hinzulernen von Inhalten oder Einsichten gibt. Das wäre sicher ein entwicklungsbedürftiges Nachdenken, besser als nichts – vielleicht; aber weniger, als es sein sollte.

Erstens bestätigt rechtes Nachsinnen vieles von der bereits geglaubten Botschaft. Es ist auch gut, sich zu verschiedenen Zeitpunkten seines Lebens seiner Wahl und seiner Leitwerte neu zu vergewissern.

Zweitens kann Nachdenken und theologisches Lernen das Geglaubte vertiefen. In nicht wenigen Bibelkreisen oder Kreisen religiöser Erwachsenenbildung entdecken Menschen (und ich entdecke es, gerade mit anderen zusammen, auch immer wieder neu) wie großartig der christliche Glaube Gott und unser Leben zeichnet – wie wenig diejenigen begriffen haben, die sich über unseren Glauben lustig machen, d. h. über das, was sie auf Grund von oft armseligen Kenntnissen dafür halten – das gehört auch zu unserem Thema.

Drittens wird nachdenken und Lernen manches im Glaubensbewußtsein, am Gottesbild, ergänzen oder korrigieren. Was mich betrifft, muß ich von meiner religiösen Kindererziehung (samt der anerzogenen Angst vor der ersten Beichte) sagen, ohne damit jemand deswegen zu grollen, weil der Stand der Erziehung und Theologie damals eben so waren: mein religiöses Bewußtsein war doch lange Zeit hindurch ziemlich unpaulinisch. Das änderte sich erst durch das theologische Studium. Hier machte ich Entdeckungen, die mir heute glauben helfen. – Ich weiß, nicht allen ergeht es so. Es gibt Christen, auch Priester, denen das Theologiestudium nichts gibt, für deren Glauben es sogar schädlich wird. Dem können wir hier nicht nachgehen. Ich kann nur eben sagen: es gibt andererseits Menschen, denen theologische Weiterbildung wichtig ist; deren Glaube sich dadurch vertieft und bereichert; die aus diesem Grunde einen theologischen Fernkurs machen. Sie erfahren Klärungen als Glaubenshilfe, oft gerade auch dort, wo im Nachdenken und durch das Lernen bisherige Inhalte korrigiert und ergänzt werden.

Damit diese dreifache Wirkung eintreten kann, daß die Reflexion den Glauben bestätigt, vertieft und auch ergänzt und korrigiert, bedarf es einiger Voraussetzungen:

– *Zunächst* einmal sollte das Denken in Ehren gehalten werden; das ist in einer Epoche, wo Nostalgiewellen, antitechnisches und damit antirationales Gefühl Konjunktur haben, wo „Erfahrung“

für wichtig, hingegen Denken oft für seelenlos gehalten wird, besonders geboten.

– *Zweitens* wäre damit ernst zu machen, daß man durch Lernen wirklich Neues und Lebensbedeutsames über Gott erfahren kann.

– *Drittens* wäre dann die Mühe zu bejahen, die das Nachdenken und Lernen auch bereitet. Im *gemeinsamen Lernen* kann dann auch eher aus der Mühe eine Lust werden. Es kann geradewegs zu einer Form der Spiritualität als Austausch werden, von der ich früher sprach.

– *Viertens* darf man auch die Gefahren des Theologisierens nicht vergessen:

Da ist einmal die Gefahr der theologischen Halbbildung. Nun kann der Hobby-Theologe, und das sollte eben irgendwie jeder interessierte Christ sein, nicht „alles" lesen und verstehen. Kein Fachmann der Welt kann das. Aber die schmale, mögliche Lektüre sollte nicht wahllos sein, sonst gibt es wirklich nur unverdaute „Einsichten", Unschlüssigkeit und Überdruß.

Die zweite Gefahr ist die, daß man sich mit seinem Nachdenken über Gott den Anforderungen der Beziehung zu Gott entzieht und sich hinter seinem Theoretisieren versteckt – vor Gott, aber auch vor sich selbst, vielleicht vor seiner eigenen, unaufgearbeiteten Glaubensproblematik. Es ist ja auch eine Art des Theologisierens denkbar, das sich so stark ins Theoretische verliert, daß darüber die ständige Rückbindung an den eigenen *Glauben* aus dem Blick gerät.

Eine andere Gefahr, die im theologischen Nachdenken steckt, ist die, daß die Sorge um die rechtgläubige Stimmigkeit so groß wird, daß darüber nicht mehr genug gefragt wird, ob das denn nun auch *gelebt* werden kann. Ich will nicht bestreiten, daß sich diese Verselbständigung des Nachdenkens auch unvermerkt einstellen kann; niemand ist dagegen gefeit. Gerade darum sei sie als Gefahr vermerkt. Ein Grund, auf das Nachdenken zu verzichten, kann sie nicht sein.

– *Fünftens* aber sollte ein jeder auch beim Lernen über Gott zuallererst er selbst sein. Niemand sollte sich ein Programm anquälen, das zeitlich überfordert oder Voraussetzungen überspringt. Auch die Hausfrau mit Abitur, die geistig rege ist, muß sich, so sie gläubige Christin ist, deshalb nicht dazu verurteilen, Bultmann oder Biser, Rahners Schriften oder die Christusbücher von Schillebeeckx zu lesen. Das, was dem einen nützt, ist für den anderen eine Verschwendung an Zeit (und Geld!) und weckte nur Enttäuschung. So gilt auch hier etwas, das in verschiedenen Kapiteln immer wieder auftauchte: es ist für die Spiritualität und das Fromm-Sein so wichtig, man selbst zu sein. Je mehr also jemand auch in Sachen Nachdenken er selbst ist, desto besser wird sich sein Lernen in seine gelebte Frömmigkeit einfügen. Von da aus sind einfache Menschen im Grunde nicht anders gestellt als „gebildete"; gerade die Erfahrung zeigt, daß es unter den kleinen Leuten heute viel Nachdenken gibt, die Probleme oft nicht geringer sind als bei Akademikern. Nur fehlt ihnen oft der Mut, sich, wenn auch weniger geschliffen, auszudrücken, und die Gemeinschaft, in der sie nachdenkend und nachdenklich fromm sein können. Das müßte eigentlich anders werden.

9. Kapitel
Vom Loben und Preisen Gottes heute

1. Erfahrungen

Was ich hier mit Lob und Preis meine, ist wohl eine Erfahrung, die im Leben vieler Menschen vorkommt, wenn auch nicht gerade allzu oft. Es ist das Bewußtsein, daß es mit dem Leben „stimmt", daß es gut ist, da sein zu können. Es ist ein Bewußtsein, das sich im Lied und Tanz ausdrücken kann. Nicht selten ist das Fest der Ort solcher Freude-Erfahrung, wiewohl gerade das vom Kalender bestimmte Fest oft zur Folge hat, daß manche sich nur pflichtgemäß freuen, was die Ablehnung solcher durch Herkommen bestimmter Orte der Freude provoziert. Jedenfalls gibt es solche Erfahrung, die von Theologen auch mit „Sinnerfahrung" bezeichnet werden mag. Wer eine solche Situation als Glaubender erfährt, der wird Gott dafür preisen, daß sich ihm das Leben – auch – so zeigt. Wir würden dann vielleicht schnell sagen: er wird Gott dafür danken. Aber erinnern wir uns an die Feststellung, daß es im Bibelhebräisch gar keine strikte Trennung von selbstbezogenem Dank und selbstvergessenem Lob Gottes gibt, daß vielmehr beides zusammengehört. Das wird uns vielleicht auch helfen.

Wir dürfen also unsere Erfahrungen von erfülltem Leben als den Ort ansehen, wo wir seine Größe loben, die wir an uns erfahren. Das ein wenig altertümliche Wort „Gott preisen" gibt das wieder. „Gepriesen bist du, Herr, denn du hast ...", oder: „Du schenkst uns das Brot ..." – So ist das gemeint mit dem Loben und Preisen Gottes. Nochmals: Ich glaube, es gibt im Leben eines jeden gläubigen Menschen solche Augenblicke, wo der spontane, innere Ausruf: „Es ist gut so", ausmündet in das „Gepriesen bist du ..." Tatsächlich lädt der Psalm sogar alle Völker (damalig also: die Heiden) zum Lobpreis Gottes ein. Daß ein Nichtglaubender es anders erlebt; daß sein Glück irgendwo unvollständig ist, weil er es nicht im Lob gipfeln lassen kann, das mag wie christliche Besserwisserei klingen. Doch gibt es ein interessantes Beispiel in der Literatur. In dem kleinen Roman „Love Story" von Erik Segal erzählt ein Student das kurze Glück seiner Liebe und seiner Ehe, die durch den frühen Krebstod seiner Frau ein Ende fand. In diesem Rahmen erzählt der junge Mann, Atheist, wie er von sich sagt: manchmal, wenn er morgens neben seiner Frau erwachte, habe er sich so gewünscht, jemand dafür danken zu können. In diesem Beispiel wird deutlich, warum das Glück dessen, der dafür niemanden preisen und loben kann, irgendwie frustriert sein muß, wo es nicht oberflächlich zugeht: weil der Glücks- und der Sinnerfahrung meist irgendwie der Eindruck anhaftet: dies ist ein Geschenk; das hast nicht du dir „gemacht", das ist dir zugefallen. Zu bedauern, wer dann keinen Gott zum Preisen hat, so möchte man fast sagen. Und solcher gelebter Lobpreis ist nun weit entfernt von den freudlosen Halleluja-Rufen so manch ehrlich beflissener und pflichteifriger Frommer (womit ich nichts gegen Gebetsgewohnheiten sagen will: ohne die schwindet nämlich die spontane Freude am Lob Gottes langsam, aber sicher dahin). Solches, aus dem Gelebten geborene Preisen Gottes ist darum gründlich verkannt, wenn manchmal, ernsthaft oder unernst, gesagt wird, im Himmel muß es doch bei lauter Gotteslob recht langweilig sein.

Zu den eigenen Erfahrungen dürften also die Situationen echten Lobes gehören, und unsere Möglichkeiten echten Gebets wären reicher, verfügten wir Christen ähnlich wie gläubige Juden über ein Repertoire von Segens- und Preisgebeten, den Berachoth, die zu verschiedensten und zu allerweltlichsten Anlässen rezitiert werden können. Aber glücklicherweise sind wir, auch was unseren Weg zu Gott betrifft, nicht auf unser eigenes kleines Format zurückgeworfen. Wir können uns für unser Lobpreisen Gottes auch aus den Erfahrungen anderer flink und gelehrig machen lassen. So können auch große Beter, wenn man sie nicht auf entmutigende Weise zur sofortigen Nachahmung uns aufnötigt, sondern uns zeigt: Sieh, so konnte der oder die in ihrem Leben sich an Gott freuen, eine Hilfe sein. Warum sollten wir uns, auch in puncto Frömmigkeit, Freude an Gott und Loben Gottes nicht ein wenig mehr zutrauen als wir jetzt sind? Aber auch dem Kleinmut bezüglich unserer Fähigkeiten, Gott zu loben, entsprechen reale Schwierigkeiten. Sie sollen besprochen sein, wenn es um die Deutung dieser Erfahrungen geht.

2. Deutung

Der „moderne Mensch" scheint, wenigstens in den Ländern, in denen man primär mit ernstem Gesicht lebt, in der nördlichen Welt etwa, sehr behindert in seiner Fähigkeit, Gott zu loben und zu preisen. Das ist heute erst recht verschärft zu registrieren. Denn es gibt typische Erfahrungen der Moderne, die das Gotteslob schwer machen:

– Einmal ist hier das Bedrohliche unserer Weltsituation zu nennen. Eine führende Politikerin der Grünen sagte einmal in einem Fernsehinterview auf die Einlassung, man sähe sie immer so ernst und sie lache nie, in dieser schrecklichen Welt könne man auch nur ernst sein. Aber wer die gesamte Wirklichkeit so bedrohlich sieht, daß er nicht recht lachen (oder gar lächeln) kann, der kann wohl auch Gott nicht recht loben.

– Ein *Zweites,* das unserem Gotteslob im Wege steht, ist dem ersten Grund verwandt. Die meisten heutigen Bedrohungen sind ja menschengemacht. Selbst in ihnen also manifestiert sich nochmals, welche Macht der Mensch heute gewonnen hat. Ein Mensch, der weltmächtig ist, wird aber nicht leicht fähig sein zum Lob Gottes, mindestens nicht aus jener Haltung heraus, die das Gotteslob gerade aus der früheren Kleinheit des Menschen wachsen ließ.

– *Drittens* ist sich der Mensch, gerade durch die Erfahrungen der Moderne, zum großen Thema seiner vielen Fragen geworden. Aber auch dies begünstigt ja das Lobpreisen Gottes nicht unbedingt. Der angestrengte Denker, wie Auguste Rodin ihn in seiner bekannten Plastik gestaltet hat, wird sich schwer tun, im nächsten Augenblick aufzustehen und mitzutun bei einem „Alle Völker, klatscht in die Hände, jauchzt Gott zu mit jubelndem Schall" (Ps 47,2).

– *Viertens* fragen nicht wenige Menschen, ob man denn „nach Auschwitz" Gott noch loben könne; nicht nur das Bedrohliche, sondern das schon Wirkliche, und gerade dieses, kann manchmal die Erde wie den Vorhof der Hölle erscheinen lassen, wobei Auschwitz nur für ein weiteres Schreckenspanorama steht, von den weiten, mit Skeletten bedeckten Feldern Kambodschas, auf denen die Roten Khmer ihre neue Welt durch Totschlagen Hunderttausender mit Knüppeln bauen wollten, bis zu den Hungerlabyrinthen Äthiopiens.

All dies sind Fragen, Einwände gegen das Loben Gottes. Sie scheinen nach einer erklärenden Antwort zu fragen. Doch wirklich beantwortet werden kann z.B. der Einwand, ob man nach Auschwitz noch beten könne, nur durch den Hinweis (J. B. Metz ist dafür zu danken), daß in Auschwitz gebetet worden ist.

Es gibt die Erfahrung des im Guten und im „Dennoch" möglichen Preisens Gottes. Insofern ist die eigene Erfahrung, die

Stimmigkeitserfahrung, von der ich oben sprach, nun entschlossen zu erweitern. Und alle Deutung des Gotteslobes, wie sie hier fällig sein könnte, kann durch wenige Worte der Theorie skizziert, aber durch Hinweis auf verschiedene Arten von Erfahrung verdeutlicht werden.

Theoretisch wäre es eigentlich klar: wenn Gott wirklich Gott ist und der Mensch fähig ist, ihm zu begegnen, muß diese Begegnung in die Anbetung führen. Wenn Gott die Liebe und das Heil ist, muß dieser Lobpreis entstehen, der zwischen die Pole von Ehrfurcht und vertrauender Liebe („... wie die Kinder", und „euer Vater", sagt Jesus) eingespannt ist. Daß, was theoretisch eigentlich „klar" sein müßte, auch möglich ist, dazu hat die Erwägung zum Beten nach Auschwitz den Hinweis gegeben: den Hinweis auf gemachte Erfahrungen.

Von da aus wäre allenfalls noch darauf hinzuweisen, daß es über die eingangs beschriebene Situation des Gott-Lobens, wie angedeutet, hinaus noch andere Situationen gibt. Man kann sie an den biblischen Stichworten „auf grüner Weide", „im Feuerofen" und „in großer Gemeinde" festmachen.

– Die „grüne Weide", oder auch mit Psalm 1, der erquickende Wasserlauf, das sind Erfahrungen der Stimmigkeit, des Sinnes, aber auch der Rettung aus Not. In diesem Zusammenhang will mir das Kirchenlied mit dieser Zeile nicht aus dem Sinn: „In wieviel Not hat nicht der gnädige Gott über dir Flügel gebreitet".

– „Im Feuerofen" priesen die Jünglinge den Herrn. Im Dennoch priesen sie ihn. Und da diese Geschichte aus dem Danielbuch apologetischen Charakter hat, läßt sie die Jünglinge am Schluß gerettet werden. Es gibt Menschen, die auch heute es fertigbringen, Gott im Feuerofen zu preisen. Ein Priester berichtet von einer entsetzlich krebszerfressenen Frau, die kaum noch sprechen konnte und mühsam, aber deutlich Gott für seine Güte pries. Ein Einzelfall? Um so eindrucksvoller, daß es das Lob Gottes im Feuerofen nicht nur in biblischen Erzählungen gibt.

– „In großer Gemeinde", so hieß die Art, Gott zu loben. Das kann die sonntägliche Gottesdienstgemeinde sein, denn ich meine damit jene erfüllten und echten Augenblicke, in denen wir im Herzen und zugleich feierlich bei uns und bei Gott sind und ihn preisen. Auch das gibt es, Gott sei Dank, und wer meint, der Gottesdienst gebe ihm nicht genug, der darf sich wohl, wenn er ehrlich sucht, fragen, ob eine andere Gemeinde nicht für ihn besser wäre (ich weiß um das Problematische meines Rates!) und ob er wirklich in Offenheit auf solche auch beglückenden und auch notwendigen Stunden gewartet hat oder ob er sie in Konsumhaltung schnell und billig gefordert hat. Wie auch immer, es kann eine Wallfahrt sein, das Erleben der Vielen, die doch auch glauben und jetzt ein Lied singen, oder der nähere, engere Rahmen. Es ist für das Lobenkönnen auch eine Chance, daß relativ viele Menschen Reisen machen können, die Wallfahrtselemente haben: nach Rom, nach Jerusalem, nach Lourdes.

An diesem Punkt gehen die Gedanken aber nun endgültig zu der Frage nach den Hilfen: was hilft mir, ein solcher Mensch der Grundhaltung des Gotteslobes zu sein, der in den fünf Prozent seiner Wachzeit, in der er vielleicht bewußt seine Gedanken auf Gott richtet, dennoch ohne zu heucheln sagen darf: „Mein ganzes Herz erhebet dich“, wie ein Kirchenlied es sagt?

3. Hilfen

Das erste „Mittel“, aber eben gerade kein Mittel, sondern Um und Auf, um Gott loben zu können, ist der beharrliche Versuch, täglich in Glaube, Hoffnung und Liebe hineinzuwachsen, so indirekt und so ausdrücklich, wie die Situationen es bringen. Um keine Mißverständnisse zu fördern: Glaube, Hoffnung und vor allem aber Liebe haben nicht nur direkt mit Gott zu tun. Darum möchte ich fast umformulieren und sagen, ein solcher Mensch solle zuerst täglich neu zu seiner Lebensabsicht stehen, sich, die Menschen und Gott immer neu zu suchen und zu finden. Letzten Endes könnte man auch formulieren: Die *erste* Voraussetzung, Gott loben zu lernen, ist es, möglichst intensiv Mensch zu werden. Dazu gehört es, seine Gefühle zu entfalten und sich entwikkeln zu lassen. Weder der finster zum Guten entschlossene Willensmensch noch der bloße Grübler werden Gott gut loben können. Seine Gefühle zu entfalten, dazu gehört auch das Klagen, das Gebet der Klage, von der im Kapitel über das Leid die Rede war. Wer Gott nicht sein Leid klagen kann, kann der ihn vollen Herzens preisen? Denn wenn der Psalm sagt, „meine Stärke und mein Lied ist der Herr“, dann ist das offensichtlich nicht der pflichtmäßige Beifall der Untergebenen eines totalitären Herrschers, dem man nur gehorcht, aber bei dem man sich nie beklagen dürfte ...

Wer versucht, sein Leben intensiv zu leben, wer seine Gefühle sprechen läßt und seine Erfahrungen ansieht und wer dies alles im Glauben tut, der dürfte eigentlich zu jener Haltung kommen, die das Leben als Geschenk erlebt, die weiß, daß „wir uns nicht selbst gemacht haben“, wie eine falsche, aber tiefsinnige Übersetzung einer Psalmstelle lautet; das Wort des Dankes und Lobens wird dann gern und ehrlich gesprochen werden. Diese Haltung nenen wir Dankbarkeit. Man kann sie pflegen, sie übersehen und vergessen oder verkümmern lassen. Vergessen wird sie wohl doch nur der eher Gedankenlose. Aber sie wächst und bleibt nicht von selbst. Also geht es darum, und dies die *zweite* Voraussetzung, Gottes Geschenke hellsichtig wahrzunehmen.

Aber vielleicht kann es unserem Dankenkönnen helfen, wenn wir uns vor Augen halten, daß nicht die großen Kräfte unseres Lebens uns zum Preisen Gottes einladen. Die natürlich sowieso. Wenn man mich fragte, welche großen Dinge meines Lebens ich hier meine und für wichtig halte, so sind dies: Friede, Gnade und Freundschaft.

Zur kurzen Erläuterung:

Mit *Frieden* meine ich jene Grund-Übereinstimmung, die wir wohl alle wenigstens gelegentlich erfahren, wenigstens so oft, daß sie uns nach mehr verlangen läßt. Ich nenne es nicht Glück, weil es dieses Wort (genau übersetzt: das Gute, als Glück gemeint) in der Bibel zwar auch gibt. Aber die Bibel spürt wohl zu recht, daß die „schalom“, der Friede, mehr ist: er ist Heil-Sein, Ganz-Sein. Paul Sporken, der Theologe, der immer wieder zum Thema Krankheit, Glaube, Seelsorge schreibt, der in Maastricht medizinische Ethik lehrt, meint von seiner Erfahrung her, dies, der

Friede, sei es, was der Kranke braucht und wonach er sich wohl zuvörderst sehnt. So also: Friede erfahren, Gott um dieser Erfahrung willen preisen.

Das zweite Große ist *Gnade,* ein wenig umständlich aber richtig gesagt: „Verdankt-Sein", theologisch: Gnade. Davon spreche ich hier nicht weiter, es dürfte klar sein, was gemeint ist.

Das dritte aber ist: *Freundschaft.* Sie als tragenden Brückenbogen in seinem Leben erfahren haben, das ist auch etwas zum Danken. Nun ist es mit den großen Dingen und den großen Worten so, daß sie uns manchmal sehr fernrücken können. Doch Frieden, Gnade, Freundschaft begegnen wie vieles Große nicht „als solche" erhaben und in reiner Form, sondern als kleine Dinge des Alltags.

Vor ein paar Jahren gewann ein israelisches Lied den ersten Preis in einem internationalen Wettbewerb. Es hieß: Halleluja. Kaum jemandem, der es ein paar Wochen lang summte oder hörte, fiel wohl auf, daß der hebräische Text ein kleines Lied vom Preisen Gottes war: für das Heute und das Morgen; für den Tag, der aufgeht, und daß es die Aufforderung enthielt, immer wieder den Herrn zu preisen. Das Lied wirkte sympathisch, wenn man um den Text wußte, es war schlichter Text vom Danken. Und das Lied wirkte beklemmend als Gleichnis, weil diese Aufforderung in der Welt, die es nicht verstand, obwohl sie es preisgekrönt hatte, ein Fremdkörper blieb ... Aber daß das Danken etwas Alltägliches sein darf und daß es für Alltägliches dankt, weil Gott sich nicht nur mit Erhabenem abgibt, das könnte dem Lobenkönnen auch helfen.

Nun könnte einer fragen: Warum sollen wir uns denn so um das Loben Gottes „mühen"? Warum sich soviele Gedanken darüber machen? Wenn es uns schwer ist, muß es denn sein? Falls die Frage meint, ob Gott unser Lob braucht, lautet die Antwort eindeutig: Nein. Falls die Frage aber meint, ob wir selber nicht dieses beredte Entzücken angesichts Gottes missen könnten, lautet die Antwort wieder: Nein – keinesfalls können wir es missen, ohne Schaden zu nehmen. Der Verweis auf Nichtglaubende, auf Atheisten, besagt wenig. Denn wir haben nicht deren Probleme.

Es geht darum, ob jemand, dem Gott so oder so im Leben einmal begegnet ist und der möchte, daß dies nicht folgenlos bleibt, ob ein solcher das Loben Gottes missen kann, ohne Schaden zu nehmen. Ich bin überzeugt: Nein.

Bleibt die letzte Frage: Wie verhält sich die Haltung des Lobens Gottes zu uns, wenn und insofern wir Menschen unserer Zeit sind, Menschen also, auf die das doch auch zutrifft, was ich vorhin als Lob-Schwierigkeit von heute erwähnt habe. Fühlen wir uns nicht auch bedroht? Erschrecken wir nicht auch, und sind wir nicht doch fasziniert von dem, was der Mensch auf Erden, und nicht der Himmel, alles in Bewegung setzen kann? Und sind wir uns nicht oft genug zur Frage, auch zur manchmal quälenden Frage? Viele werden mit ja antworten. Aber ich glaube, das Loben und Preisen Gottes und daß man ihm bisher auch mit solchen Erfahrungen Lieder singen konnte, ist wichtig für eine Antwort. Tatsächlich hat der Kohelet wahrscheinlich nicht weniger gegrübelt übers Menschsein als wir, und doch stehen seine Erfahrungen im Zusammenhang des umfassenden Glaubenszeugnisses der Bibel. Und wer den Psalm 8 erdacht hat, mußte die Macht des Menschen tief erlebt haben, und doch läßt der Psalm seine Betrachtung über den Menschen am Anfang und Schluß mit einem staunenden Lobpreis beginnen und enden.

So haben Menschen immer Gott gepriesen und wohl auch immer damit ein Maß von Mühe gehabt. Sie haben nicht so ganz provozierend gefragt, ob wir heute nach Auschwitz auch beten könnten. Aber sie haben – nicht nur in Auschwitz – immer gebetet, obwohl die Frage mit genausoviel Recht nach der Zerstörung von Konstantinopel durch die Kreuzritter oder nach dem Dreißigjährigen Krieg, oder nach jeder Pestepidemie, oder nach dem Rückzug Napoleons von seinem russischen Abenteuer mit seinen Hunderttausenden (!) von Toten hätte auch gefragt werden können. Ob jene Menschen weniger vom Grauen gepackt waren? Daß sie nicht theoretisch nach der Möglichkeit des „Betens nach ...“ gefragt haben, kommt das davon, daß sie weniger gedacht haben, daß sie weniger ehrlich waren, oder hatten sie nur weniger Lust am Infragestellen? Wie auch immer: auch der Mensch, der die Last der Moderne voll auf seinen Schultern spürt, kann, wo er glaubt und wo er es einigermaßen richtig anpackt, offen werden für die Erfahrung der Stimmigkeit des spontanen Lobwortes. Er darf freilich nicht meinen, sie müsse ihm ständig zufallen. Und ein wenig Treue im Beten wird auch bestimmt gefordert sein, damit der Geschmack daran nicht vergeht. Dann wird es das aber auch immer einmal geben, daß ein Mensch, zaghaft oder aus vollem Herzen, jenes Urwort spricht, das wir sooft hören, und das oft unübersetzt in uns verhallt, jenes hebräische Wort, Halleluja, das auf Deutsch bedeutet: Lobet den Herrn.

Texte

Der Herr ist mein Hirte, nichts wird mir fehlen, auf grünen Auen läßt er mich lagern, zur Ruhstatt am Wasser führt er mich. Er stillt mein Verlangen; er leitet mich auf rechtem Pfade um seines Namens willen (Psalm 23, 1–2).

Asarja stellte sich hin und betete. Er öffnete seinen Mund und sprach inmitten des Feuers: „Gepriesen bist du, Herr, Gott unserer Väter, gelobt und verherrlicht ist dein Name in Ewigkeit" (Dan 3, 25–26).

Ich will dir danken in großer Gemeinde, unter vielem Volk will ich dich preisen (Psalm 35, 18).

Herr, unser Herrscher, wie gewaltig ist dein Name auf der ganzen Erde; über den Himmel breitest du deine Hoheit aus.
Seh' ich den Himmel, das Werk deiner Finger, Mond und Sterne, die du befestigt:
Was ist der Mensch, daß du an ihn denkst, des Menschen Kind, daß du dich seiner annimmst?
Du hast ihn nur wenig geringer gemacht als Gott, hast ihn gekrönt mit Herrlichkeit und Ehre;
du hast ihn als Herrscher eingesetzt über das Werk deiner Hände, hast ihm alles zu Füßen gelegt.
Herr unser Herrscher, wie gewaltig ist dein Name auf der ganzen Erde! (Psalm 8, gekürzt).

10. Kapitel
Von Formen und Methoden, ihrem Nutzen und ihren Grenzen

Dieses Buch will denen, die in der katholischen Kirche glauben möchten und die sich schwer damit tun, ihren Glauben und ihren Alltag zu einer Spiritualität oder Frömmigkeit zusammenzubinden, ein paar Anregungen geben. Dabei habe ich viel von Haltungen und wenig von konkreten Formen des Betens gesprochen, etwa davon, was einem Menschen die Bibel oder die Feier der Eucharistie oder das stille Gebet in der Einsamkeit bedeuten können. Auch habe ich praktisch nichts darüber gesagt, zu welchen Formen des Engagements diese Spiritualität führen kann, oder darüber, wie man mit der Erfahrung fertig werden kann, daß politisch ganz anders Denkende im gleichen Glauben stehen und einander doch, oft anscheinend ohne Kompromißmöglichkeit, widersprechen und gegenseitig das Feld streitig machen. Auch habe ich nicht davon gesprochen, welche konkreten, methodischen Möglichkeiten von Mittun in der Gemeinde, der Pfarrei es gibt, oder darüber, welche Reaktionen und welches Verhalten sich aus den vielfältigen Verbindungen und Begegnungen mit Christen anderer Kirchen, aber auch mit Nichtchristen ergeben könnten.

Diese Auslassung hat mancherlei Gründe. Ich könnte z. B. geltend machen, dies alles seien Themen, die jeweils eine eigene, breite Abhandlung erforderten. Der eigentliche Grund ist für mich wohl, daß ich meine, daß alle diese Problemkreise oder „Praxisfelder" in dem Maß bewältigt werden können, in dem ein Mensch sich auf den Weg begibt, der in diesem Buch skizziert wurde. Wobei freilich sofort zu ergänzen ist: Auch die hier in diesen Kapiteln beschriebenen Schritte werden teilweise erst ermöglicht, wenn und insoweit sich der „geistliche Pilger" auf diese Problemfelder einläßt.

Dennoch möchte ich ein paar Bemerkungen zur Frage der *Methoden der Frömmigkeit,* ihrer *Ausdrucksweisen* also, sagen. Dies nicht zuletzt deshalb, weil Haltungen, Bewältigungen, Deutungen gar nicht ohne etwas Konkretes, Sichtbares, existieren können. Man kann mit einem Menschen nicht Freund sein, ohne Zeichen der Freundschaft auszutauschen. Man kann sich nicht freuen, indem man nur über Freude nachsinnt. Das muß man zwar auch, aber zur Freude gehört das Lachen, das Feiern, auch die Tränen, wenn die Freude tief geht: das also, was man sehen und hören und fühlen kann. Mit dem „Fromm-Werden" ist das nicht anders. Der brasilianische Franziskaner Leonardo Boff hat darauf in einem Büchlein sehr treffend hingewiesen, das im Deutschen den irreführenden Titel trägt: Kleine Sakramentenlehre. Es müßte, vom Original her, heißen: die Sakramente des Lebens und das Leben aus den Sakramenten. Wer ein solches Buch liest, oder wer ins Leben hineinschaut, spürt den Zusammenhang zwischen den Formen und den Haltungen des Fromm-Seins. Weil es aber gerade hier oft Probleme gibt, seien dazu ein paar Gedanken gesagt.

1. Erfahrungen

Es gibt, leider, eine ganz breite Skala von Erfahrungen der Enttäuschung, des Ungenügens, aber auch des Ärgers über konkrete Formen des Fromm-Seins, wie sie uns begegnen. Dabei meine ich nicht den oft behaupteten, durch ernsthafte Religionssoziologie eher widerlegten Vorwurf, die Leute, die in die Kirche gehen, seien nur Konformisten; diese Leute wollten nur ihre Garderobe ausführen, sie beteten mechanisch, im übrigen aber seien sie eher engstirnig, lieblos und unsympathisch, während die Nichtkirchgänger (weil es ja darauf nicht ankommt) sich den Himmel (falls es ihn gibt) durch ihre Anständigkeit schon verdienen werden. Ein so vereinfachtes Bild des „Kirchenchristen" enthält neben dem obligaten Korn Wahrheit soviel Schiefes, daß es uns hier nicht zu beschäftigen braucht.

Aber was ist mit den Erfahrungen derer, die sich trotz ehrlichen Mühens in den Formen katholischen Christseins nicht recht wohlfühlen? Da gibt es die Erfahrung, daß das Beten auch über längere Zeit hin kaum etwas von dem zu erbringen scheint, was es doch angeblich schenken soll: Trost, Stärkung, Zuversicht,

Freude, Einordnen-können der täglichen Ereignisse in eine größere Perspektive. Wie kann man mit Unlust am Beten fertig werden, die sich dann einstellt? Mit der heilenden Wirkung der Zeit rechnen oder das Beten aufgeben, oder etwas anderes versuchen? Oder wie kann einer, der doch den Willen dazu hat, ein realistisch frommer Mensch zu werden, den fatalen Eindruck verkraften, wenn er bete, zwängen ihn die Worte und Lieder in eine Eigenwelt hinein, die eben doch nicht sein „wirkliches" Leben ist? Mit anderen Worten: Was kann man tun, um die Trennung der Alltagswelt von der „Sonderwelt Gottes" geringer zu machen?

Gibt es daneben nicht auch die Erfahrung, sich selbst, mit den Problemen und Fragen, die mich jetzt bedrängen, mit den Hoffnungen oder Freuden, die mich jetzt in Atem halten, *nicht* wiederzufinden in den gemeinsamen Gebeten der Meßfeier am Sonntag? Wie dann mit dem Eindruck fertig werden, hier geht es ja gar nicht um dich, hier reden und beten andere Leute von anderen Erfahrungen als du sie hast, als sie dich bewegen? Manchmal und bei manchen Menschen mag dazu noch ein Unbehagen an der Form hinzukommen. Es gibt Menschen, die ein so starkes Empfinden für Form und Stil haben, daß ein zäh-langsam gesungenes Lied, ein nervöses Herumhasten des Priesters am Altar, das Ungepflegte im Gottesdienst, ihnen wirklich den Weg zum Glaubensvollzug, zum Gebet, also: zu Gott, erschweren oder gar blokkieren kann.

Dazu kommt noch die Skala der vielen Arten des Nichtverstehens: da hält einer nicht viel von der Bibel, weil ihn niemand auf den Geschmack gebracht hat; da stößt sich einer an bestimmten Bräuchen (Blasiussegen, Kräuterweihe), weil ihm das niemand aufgeschlüsselt hat; da hält einer nichts von Heiligenverehrung, weil er noch nie der echten Schilderung eines Heiligenlebens begegnet war; ein anderer hält Marienverehrung für generell überflüssig, weil ihm weder die Praxis noch eine Einführung den Verdacht nehmen konnte, Maria sei für viele Katholiken eben doch interessanter als Christus; da „leugnet" einer einen Glaubenssatz, weil er trotz jahrzehntelanger Praxis in der Kirche immer noch Inhalte damit verbindet, die in der Tat jeder abweisen müßte.

Aber man muß noch weitergehen: da gibt es Arten des Betens, Gottesdienste, Predigten, Schriften, die so schlimm *sind,* daß sie den Suchenden abschrecken müssen, daß sie also dessen Glauben eher gefährden als daß sie ihm nützten. Wenn solche Erfahrungen auch noch in einem Rahmen gemacht werden, in dem sich die Kirche als die Überinstanz darstellt, die immer Recht hat, und die allein *in allem* Recht hat, und wenn dann noch oder schon wieder der Eindruck entsteht, Kirche, das seien Papst, Bischöfe (und Priester), dann sind das Erfahrungen, die tatsächlich eine Aufarbeitung brauchen, zumal es Erfahrungen sind, die jeden einmal überfallen können ...

2. Deutung

Die Deutung kann kurz sein. Denn ich behaupte, und dies wohl mit guten Gründen: der Mensch braucht, um seine Gefühle und Haltungen zu „äußern", äußere Zeichen, Gesten, Worte, Gebärden – bis hin zu Musik, Raumatmosphäre, Festkleidung. Ferner: der Mensch, wohl wirklich jeder Mensch, wo immer er leben mag, muß in den Umgang mit diesen Zeichen eingeübt werden. Dabei werden sich Gewohnheiten bilden müssen. Gewohnheiten sind aber ambivalent, doppelwertig. Einerseits sind Gewohnheiten, die auf Dauer (!) leer geworden sind, wie leere Hülsen ohne Inhalt. Andererseits können Gewohnheiten auch die Spontaneität entlasten, sie können eine wichtige Hilfe sein. Wer meint, erst dann beten zu sollen, wenn es mit ihm schlecht geht, der könnte vielleicht entdecken, daß er dann gar nicht richtig beten kann; wer meint, auf das Lernen von ein paar tragenden Gebetsformeln verzichten zu können, weil er immer nur spontan und mit eigenen Worten bete, der kann entdecken, daß es bei 39 Grad Fieber nur noch wenig Spontaneität gibt – die gewohnte Formel kann dann zur Hilfe dafür werden, das zu sagen, was ihn bewegt.

Damit ist gesagt, daß Gewohnheiten wichtig sind, und daß sie entleert sein können. Selbst das Erwerben einer tragenden

Grundhaltung und einer tragenden, leicht praktizierten Fertigkeit in den äußeren Formen des Glaubens sind also selbst wieder Aufgaben. Es ist dann wohl die tiefe Unstimmigkeit, die im Menschen ist, und die der Glaube als Folge einer ursprünglichen Verschlechterung („Erbsünde") ansieht, daß die Rechnung nie ganz aufgeht: Wer nur betet, was ihm liegt, und dies nur, wenn er sich dazu spontan gedrängt sieht, wird im allgemeinen diese spontane Freude allmählich verlieren. Wer sich hingegen treu und pflichtbewußt um die Pflege der Gewohnheiten des Betens müht, kann in einen immer stärkeren Überdruß hineingeraten. Wo die Alternative unausbleiblich ist: wenig beten, weil man selten „das Bedürfnis" dazu hat, und: wenig beten, weil mir die Pflichtgebete öde und langweilig sind, dort empfehle ich trotzdem das Durchhalten: weil die Chance größer ist, daß sich die Freude hier wieder einstellt, allerdings unter gewissen Voraussetzungen. Dazu im folgenden noch ein paar Sätze.

3. Bewältigung

Um die Art und Weise, also die „Sprache" der Gebärden meines Glaubens zu etwas Tragendem zu machen; um im „Angebot der Formen" (Messe, Rosenkranz, Andachten, Betrachtung, stilles Gebet für sich, Lesen der Bibel; Hineinschauen in die religiösen Erfahrungen anderer, Wallfahrten, Glaubensseminare, Gebetsgruppen) das Wichtige zu finden, bedarf es einiger Voraussetzungen:

- *Zunächst* ist auch hier als erstes Ehrlichkeit gefordert. Sich selbst eingestehen: Mit dieser Predigt, diesem Gottesdienst, dieser Gebetsform komme ich nicht zurecht. Womöglich sich eingestehen: Ich komme zur Zeit überhaupt mit der Meßfeier oder überhaupt mit dem Beten nicht gut weiter. Wo dieses Ungenügen verdrängt würde, schwände ja jede Chance auf „Bewältigung"; gut und wohltuend kann es auch wirken, wenn da jemand ist, dem ich so etwas erzählen kann, ohne in seinen Augen disqualifiziert zu erscheinen.
- Ob es in bewußt katholischen Familien oder auch in Ordensge-

meinschaften diese gegenseitige Hilfe zur geistlichen Ehrlichkeit genügend gibt? Sie ist ja, wie ich meine, eine „erste Hilfe“ dazu, im fremd Gewordenen das Vertraute, im leer Empfundenen den Geschmack wiederzufinden.

– *Zweitens* wird es wohl darauf ankommen, sich mit allen Dimensionen einzubringen, um die Formen des Frommseins vital und farbenfroh zu erhalten oder ihnen zu neuer Farbigkeit zu verhelfen. Das heißt, ins Beten gehört der Verstand hinein – und das Gefühl ebenso. Es gehört zu den Beschädigungen bei der Ausgestaltung des eigenen Glaubens, wenn einer nur mit Gott problematisieren kann, ohne sich an ihm zu freuen, oder, umgekehrt, wenn einer nur Gefühle vor Gott ausschüttet, wobei der Verstand irgendwo in die hintere Kirchenbank gesetzt wird, damit er keine Probleme macht (mit einem pointierten Vergleich: nach Art des „Hunde müssen draußen bleiben“ ...). Der ganze Mensch hat sich ganz mitzubringen, mit seinen Wünschen, Ängsten, Trivialitäten; mit seinen halb bekannten, halb nur vermuteten Abgründigkeiten, ganz: dann kann etwas aus dem Versuch werden, auch die Formen des Frommseins echt und lebendig werden zu lassen.

– *Drittens* ist für die lebendige Form des Frommseins, die den inneren Haltungen und ihrem Reifen weiterhelfen, eine gewisse Beständigkeit und Treue wohl unumgänglich. Das bedeutet: Beten darf auch Mühe kosten, Durchhalten ist kein Zeichen eines religiös-geistlosen Dahintrottens, sondern Zeichen dafür, die Zusammenhänge zwischen dem Spontanen und dem gewohnheitsmäßig Wachsenden gesehen und angenommen zu haben.

– *Viertens* brauche ich auch hier die anderen. Denn die sind zwar manchmal unausstehlich, ärgerlich, nervenverzehrend. Aber es sind die anderen und die Nächsten, ohne die ein Christ nicht nur nicht zu Gott kommt, sondern ohne die niemand auch nur Mensch werden kann und die dort, wo Sympathie, Nähe und Verständnis sind, die besten geistlichen Lehrer werden können; im Gespräch mit ihnen kann ich mich besser sehen lernen, aus ihren Erfahrungen kann ich Mut schöpfen, mit ihnen zusammen kann ich Gemeinschaft im Glauben erleben und in der Liturgie ins Lied und in die festliche Gebärde hinein ausdrücken.

– *Fünftens* wäre es auch für den Umgang mit den äußeren Formen von Glaube und Frommsein gut, würde das Verständnis und die Kenntnis darüber wachsen. Denn vieles enthüllt sich in seiner Bedeutung erst dem, der auch etwas darüber weiß. – Man mag darüber diskutieren, wie der heute verbreiteten Kenntnislosigkeit auch der traditionellen Gebetsformen und ihrer Inhalte gesteuert werden kann. Daß diese Kenntnislosigkeit schlimm ist, daran besteht für mich nicht der geringste Zweifel. Wer die Haupttraditionen des Betens nicht kennt, weil er weder etwas darüber gehört hat noch sie in der Praxis seiner Gemeinde erlebt, der ist in großer Gefahr, daß die Möglichkeiten seines Betens immer mehr verarmen. Man kann schließlich mit Fug und Recht aus der Tradition nur das als nicht mehr dienlich ablehnen, was man kennt und – wenigstens einmal versucht hat.

Dies scheinen mir Schritte zu Konkretionen des Frommseins zu sein: Ehrlichkeit; umfassendes Sich-Einbringen; Treue und Beständigkeit; die Hilfe der anderen; Verständnis und Kenntnis. Wo dies alles wächst, braucht man einzelne Formen als solche weder immer wieder neu zu empfehlen noch zu diskutieren. Ich glaube, die zentralen Formen des Betens werden dann mit innerer Logik den Platz im Glaubensleben erhalten, der ihnen von ihrer Eigenart her auch „theologisch“ zukommt.

Gleichzeitig darf gehofft werden, daß die Formen des Betens mit dem gelebten Alltag dann zusammenwachsen, wenn eben das, was wir vor Gott aussprechen und was wir ihm sagen, alles das mitenthält, von dem die übrigen Kapitel dieses Buches handeln. Das Ganze freilich ist auch etwas, das sich der Christ erbittet. Merkwürdig, aber letztlich entscheidend: beten darum, daß das Beten gelinge und sich mit dem „Tun“ verbinde.

Text

Herr, unser Gott, komm unserem Beten und Arbeiten mit deiner Gnade zuvor und begleite es, damit alles, was wir beginnen, bei dir seinen Anfang nehme und durch dich vollendet werde (Meßliturgie vom Donnerstag nach Aschermittwoch).

11. Kapitel
Von den Einsamkeiten des Glaubens heute

Das theologische Stichwort für die kurzen Gedanken, die ich hier über das Thema vorlegen möchte, heißt „Diaspora“. Diaspora, das bedeutet nicht zuerst, daß es in Itzehoe wenige Katholiken unter vielen Evangelischen gibt und im schwedischen Malmö ungefähr drei katholische Priester; schon eher, daß es in Indonesien etwa sieben Prozent Christen, die Hälfte davon Katholiken, unter Moslems, Angehörigen der Stammesreligionen und Hindus gibt. Diaspora ist ein griechisches Wort und bedeutet: Zerstreuung. Es gibt die Erfahrung wieder, daß Christen unter Nichtchristen eine Minderheit sind, nicht überall, aber vielerorts spürbar, und weltweit auch zahlenmäßig eindeutig. Die Gedanken des kurzen Kapitels wollen diese Thematik in den Blick nehmen, weil sie unser Fromm-Sein prägt, ob wir wollen oder nicht.

1. Erfahrungen

Es gibt heutige Diasporaerfahrungen verschiedener Art. Da ist der Christ, der einer Minderheitenkirche angehört; der Katholik in Dänemark weiß, daß es im ganzen Land nur etwa 30000 Menschen seines Glaubens gibt, davon noch über 10000 in der Hauptstadt Kopenhagen. Er wird dann, ebenso wie sein Mitkatholik in der DDR, auf Schritt und Tritt mit Menschen zu tun haben, von denen von vornherein sicher ist, daß sie seinen Glauben nicht teilen. Die Situation eines Christen in der Bundesrepublik, besonders im Rheinland, im Südwesten und Süden, mehr noch in Österreich, wird anders sein. Er wird nicht überrascht sein, immer wieder auf Menschen zu stoßen, die in der katholischen Kirche getauft wurden und aufgewachsen sind. Seine Überraschungen werden dann jeweils die Glaubenseinstellungen solcher Mitmenschen sein, und die können sehr stark variieren. In bestimmten Zusammenfügungen wird sich auch ein solcher Katholik in einer Minderheitensituation vorfinden – weil fast alle Leute, die er kennt, von ihrer Mitgliedschaft in der Kirche keinen oder seltenen Gebrauch machen. Ordensleute und Priester leben in dieser Hinsicht (hoffentlich nur in dieser!) wirklich in einer Art elfenbeinernen Turmes, denn von ihrem automatisch gegebenen Lebenszuschnitt her begegnen sie immer wieder Menschen, für die der Glaube wichtig ist. Wenn mir eine Dame, die es mit ihrem Glauben sehr ernst nimmt, sagte, es sei nun doch eigentlich merkwürdig, in der ganzen Verwandtschaft und im ganzen Bekanntenkreis die einzige zu sein, die um Glaube und Kirchegehen noch etwas gibt, dann ist das eine Diasporaerfahrung, die auch Ordensleuten und Priestern nicht ganz fremd ist. Karl Rahner schrieb seinen berühmten Aufsatz über die Heilschancen der Nichtchristen mit dem Titel: „Der Christ und seine ungläubigen Verwandten", und er schrieb ihn, wie man lesen kann, in konkreter Situation. Aber das Bewußtsein, der oder die einzige weit und breit zu sein, diese Erfahrung machen „Laien" heute häufiger und intensiver, und sie muß schon bedrückend sein. Ich selbst bin froh, wenigstens vor meinem Klostereintritt solches gelegentlich erfahren zu haben, obwohl damals noch milde Zeiten herrschten, wenn man sie mit dem Heute vergleicht. Dafür macht der Priester heute die Erfahrung, daß er als Priester von den einen bewußt geschätzt, von den anderen toleriert oder als Teil des abendländischen Establishments akzeptiert, von anderen aber schief angeschaut wird. Das gleicht sich dann ein wenig aus.

Neben diesen heutigen und persönlichen Diasporaerfahrungen in unserer nachchristlich-abendländischen Welt, wo selbstverständlich in Frankreich noch zahllose Orte ihre Namen nach einem Heiligen führen, obwohl das Land Missionsland ist, gibt es die Diasporaerfahrungen der jungen Kirchen Asiens (außer Flores, Kerala und den Philippinen), wo die Kirche ein Randdasein führt. Letzteres braucht übrigens nicht zu verschreckter Sektenmentalität zu führen, wie die Kirche Indonesiens zeigt. Aber vor allen solchen heutigen Erfahrungen gab es die großen Diasporatraditionen, christliche und, mitprägend, jüdische.

Das Judentum hat seine Diasporasituation schon seit 2600 Jahren. Es hat damit leben gelernt, darin Enge und Abkapselung, aber auch Größe und Glaubenstreue beispielhafter Art entwikkelt. Heutige Juden sagen Diaspora, die Bibel nennt es Galuth, das bedeutet: Exil, Verbannung, Gefangenschaft. Sie hoffen auf die Lösung der Galuth, traditionell durch Rückkehr in das Land der Väter. Sie erhalten sich als Volk des Herrn auch durch Brauchtum und Trennung von der Umwelt; durch Speisevorschriften, durch Feste, die manchmal noch dort gefeiert werden, wo gar nicht mehr viel Religiosität ist; durch den Sabbat. Überall auf der Welt werden am Freitagabend die Sabbatkerzen angezündet, überall gilt: kol echad ohev et leil ha schabbat. Jeder liebt den Sabbatvorabend, wie ein Lied in mehreren Sprachen und sehr fröhlich singt; überall wird das sch'ma Israel rezitiert, jenes wohl auch für einen Christen unvergleichliche Gebet, dessen Anfangssätze nichts anderes sind als der Vers 6,5 aus dem Buch Deuteronomium und das in der gleichen Sprache, in der es vor 2500 Jahren niedergeschrieben wurde, heute jeden Morgen von qol Israel, vom Rundfunk, am Morgen gesendet wird ... Man sieht, Diaspora kann vieles sein, nicht nur Not, sondern auch Größe, Profil, Faszination, Stilmerkmal für das Frommsein.

Ähnliches kann für die christliche Diaspora, also für unser Frommsein gelten. Nur sind Christen noch nicht so diasporageübt wie die Kinder Israel. Immer noch grollen sie über ihr heutiges Diasporageschick. Nun haben sie in der Tat auch in ihrem Glauben einiges, das sich von den Methoden der Juden, Diaspora zu leben, unterscheidet. Aber davon später. Fragen wir vorher kurz: Ist Diaspora nur Verhängnis, ist sie Strafe (wie die Juden ihre Galuth primär im Alten Testament interpretierten)? Ist sie Chance?

2. Deutungen

Wir brauchen hier keine theologischen Probleme zu wälzen. Aber vielleicht können wir vermuten, daß die Diaspora-Existenz der Christen, die gewiß nichts zum Romantisieren ist, doch ihren verborgenen Sinn hat und daß Gott weiß, warum er die Menschheit nicht den Weg einer triumphalen Evangelisierung und Christwerdung führt. Er tut das vielleicht deshalb nicht, damit nicht aus dem Christentum eine Siegerpose, eine satte Selbstzufriedenheit werde, die aus der geglückten Christianisierung das Pilgerdasein ausklammert und die unsere Wegsituation mit dem erreichten Ziel einer „triumphierenden Kirche“ verwechselte. Und, wer weiß, vielleicht genügen gerade soviele Christen wie es tatsächlich gibt, und die Gemeinden, die wir Seelsorger soeben mitzubauen vermögen, damit in der Welt die Botschaft von Jesus Christus, die daran geknüpfte Hoffnung und der von ihm stammende Ruf zur Umkehr nicht verstummen. Denn jeder, der auch nur einmal wirklich in den Bereich der Faszination durch Israels Gott und Jesus, den Sohn, geraten ist, wird keine Beweise dafür brauchen, daß dadurch in der Welt ein Licht aufgegangen ist, wie es vorher nicht war wie es nachher nicht mehr heller kam. Kirche als Diaspora, das heißt eben: Das Licht ist weiterhin zu sehen. Fragen wir aber auf den einzelnen Christen hin, welchen Sinn es hat, daß nun ausgerechnet er zu dieser Minderheit gehört, dann wird die Antwort wohl nur lauten können: Wer wirklich glaubt, nicht problemlos, nicht auf einer Elitestufe, aber mit ganzem Herzen den Ruf des Centurios nachsprechend: „Ich glaube, Herr, hilf meinem Unglauben“ (Mk 9,24), dem wird man nicht umständlich zu beweisen brauchen, daß ein Leben ohne diesen Glauben nicht vorstellbar ist. Der wird das dann einerseits als Geschenk ansehen, von dem er andererseits, so wie es sich ergibt, anderen Menschen mit-zuteilen bereit ist, „denn es ist unmöglich, nicht von dem zu reden, was wir gesehen und gehört haben“ (vgl. Apg 4,20). Ein solcher heutiger Christ in der Diaspora wird dann die anderen der Führung und Liebe Gottes überantworten, ohne darum seinen eigenen Glauben zu einer Art weltanschaulichem, im Grunde doch folgenlosen Sondergeschmack abzuwerten.

3. Folgerungen für die Bewältigung

Damit sind wir bei ein paar Andeutungen dazu, wie ein solches Frommwerden in der Diaspora durchzuhalten sei – etwas anderes steht heute praktisch nicht zur Wahl.

Zuerst darf man sich ruhig zugeben: Es ist manchmal nicht

leicht, der letzte oder einer der wenigen zu sein, die das Christsein noch nicht aufgegeben haben. Eine breite, auch soziale Zustimmung zu Glaubensüberzeugungen braucht nicht nur Konformismus und katholische Kleinstadtfrömmelei zur Folge zu haben. Sie kann auf der anderen Seite auch sehr krampflösend und befreiend wirken. In Brasilien gilt es, so war mein Eindruck, als völlig normal, daß man religiös ist. Und da gut 85 Prozent der Bevölkerung katholisch sind, entfällt der mühsame Legitimationszwang dafür, daß Religion doch für den Menschen etwas Gutes ist. Es entfällt auch die bei uns gewohnte konfessionelle Beflissenheit, mit der wir uns und den Evangelischen klarzumachen versuchen, daß die Heiligenverehrung nichts Heidnisches ist, daß Marienverehrung zu Christus führt, daß man Wallfahrten machen darf, daß das Kreuzzeichen kein magischer Gestus ist, daß ... kurz, in Brasilien kann man krampflos katholisch sein, und das wirkt ungeheuer befreiend. Das heißt nicht, daß es dort nicht Halbheiten, Magie, Aberglaube, Sünde gäbe. Es gibt gute und schlechte Christen, aber eben die Tatsache, daß man Christ und Katholik ist, das braucht man sich und anderen nicht erst eigens zu begründen. Das ist das Gegenteil von Diasporaerfahrung, und das kann sehr wohltuend wirken. Demgegenüber sollen wir uns also ruhig zugeben, was ein Berliner Schulkind einer Katechetin sagte: „Katholisch-Sein ist aber anstrengend", nur muß auch sofort hinzugefügt werden: manchmal. Und das hat auch mit dem Diasporadasein zu tun, denn die Austreibung der abendländischen Kultur aus dem religiösen Konsens und in den Pluralismus hinein ist schon eine Art Vertreibung aus dem Paradies, wenn auch nur in bestimmter Hinsicht.

Denn *zweitens* gibt uns die Diasporasituation den ausdrücklich wahrnehmbaren Befund: Wenn ich Christ bin, dann bin ich's aufgrund meiner persönlichen Glaubensgeschichte, und nicht deshalb, weil ich so bin wie meine Umgebung: Denn dann wäre ich es heute nicht mehr, wenigstens in vielen Fällen nicht.

Drittens lädt das Diasporadasein verstärkt ein zu wacher Auseinandersetzung und, vor allem, zum Austausch in Gemeinschaft. Diaspora, das ist wie der Stachel, der uns den frommen

Individualismus austreibt, der jahrhundertelang in Zeiten unangefochtenen Christseins das Bild des Christen entstellt hat: Gott und meine Seele und sonst nichts. Wir können nur weiterglauben in Gemeinschaft, im Austausch, in der Brüderlichkeit. Und das ist ganz gut so.

12. Kapitel
Von Wunden und Sünden, von Vergebung und Heilung

Hinführung

Nach katholischer Lehre, die übrigens eigentlich sehr einleuchtet, gibt es für den Menschen zwei mögliche Grundrichtungen, in denen sich ein Mensch mit seinem Leben bewegen kann. Entweder macht er sich selbst zum Mittelpunkt, will, daß alles um seinetwillen da sei, und verhält sich bewußt und in freier Entscheidung entsprechend: wirklich und tiefgreifend berechnend, gierig, rücksichts- und lieblos. Erich Fromm würde das den „Haben-Modus" nennen; die katholische Tradition nennt es den Zustand der Sünde, der aus auch einzelnen tiefgreifenden und in Freiheit schuldhaften Taten erwachsen kann. Die andere Möglichkeit ist es, daß der Mensch sich mit seinem Sehnen auf „das Gute" ausstreckt. Für den Christen bedeutet diese Haltung: letztlich und in demütiger, aber beherzter Treue Gott sein ganzes Leben anvertrauen und sich von ihm alles erhoffen; sich von ihm führen lassen. Ein Mensch, der aus dieser Orientierung lebt, wird das ebenfalls konkret verwirklichen; er wird täglich versuchen, gut zu sein: zu den Menschen, die ihm gerade über den Weg laufen. Er wird sich darüber hinaus auch betend, bittend, klagend, dankend, auf den Herrn und das Ziel seines Lebens einzupendeln versuchen. Erich Fromm nennt einen Teil dieser Haltung etwas nichtssagend: Seins-Modus. Treffender nennt ihn die katholische Tradition: Stand der Gnade.

Theologisch durchaus traditionell, aber auch viel menschliches

Nachsinnen aufgreifend, haben wir wohl davon auszugehen: Es ist dem Menschen möglich, sich selbst absolut setzen zu wollen, sei es indirekt durch sein Tun, sei es in einem bewußt versuchten Zugriff nach eigener und selbstverdankter Unermeßlichkeit. Doch christlicher Realismus verbietet uns, darüber Vermutungen anzustellen, wieviele Menschen in dieser Haltung leben, die in der Tat das Entsetzlichste ist, das es gibt. Christliche Hoffnung erlaubt uns, anzunehmen, daß diese Haltung doch seltener ist als man früher (recht schnell) mit dem Zustand der Todsünde gerechnet hat. Christliche Hoffnung erlaubt uns darüber hinaus, für alle Menschen, die ernsthaft der eingeschlagenen Richtung ihres Lebens folgen wollen oder die sich redlich bemühen, Christen zu sein, darauf zu vertrauen, daß die Liebe Gottes ihr Leben formt, daß sie in der Gnade sind. Dennoch werden viele solch ehrlich ihren Weg gehende Menschen eine eigenartige Unstimmigkeitserfahrung machen. Sie sind „im Grunde" auf dem rechten Weg und erfahren sich doch als solche, die nicht sind, wie sie sein sollten, sein möchten. Von dieser Erfahrung soll nun gesprochen werden.

1. Erfahrungen

„Abbiamo fatto lunga strada", wir sind einen weiten Weg gekommen, hieß es in einem Lied, das man vor ein paar Jahren im Gottesdienst in Italien sang. Wir sind von weit hergekommen, und das heißt, die Füße sind staubig. Das Leben hat seine Spuren hinterlassen, Kratzer und Beulen, Wunden, erbärmliches Versagen, vielleicht auch größere Schuld. Aber auch wo diese hoffend ausgeschlossen werden kann – die Schuld, die aus dem Alltag kommt, wo ist sie nicht? Die nicht geglückte Beherrschung, der „Appetit des Leibes": die doch mehr als gewollt gerauchten Zigaretten, die unbedacht doch gegessene zweite Portion, die Stunde Fernsehen zuviel. Wichtiger noch: die wieder verlorene Geduld mit dem Nachbarn, der dem Gesprächspartner wieder abgeschnittene Satz in seiner Erzählung, der wieder nicht aufgebrachte Mut, anderen Menschen zu widerstehen und sich nicht alles bieten zu lassen, nicht von Untergebenen und nicht vom Chef; die wieder aus schlechter Laune angeschrienen oder achtlos übersehenen Kinder und das so gequälte Interesse dafür, was der Ehepartner erlebt hat; die nicht ganz gemeisterte Neigung, beim Reden über andere Menschen schnell zu urteilen, sich selbst schnell so gut zu finden ... Sind das nicht die Dinge, die ein Christ meinen könnte, wenn er in der Messe sein „Herr, erbarme dich" und sein Confiteor spricht? Sind es nicht diese Dinge, die vielleicht nur von zwei Menschengruppen übersehen werden: von denen, die sich für fehlerlos halten, weil sie – dumm und ohne Blick für die Realität sind oder weil sie sich für so fromm halten, daß es doch bei ihnen wirklich nur das „Alles meinem Gott zu Ehren" gibt, und zwar hundertprozentig. Für Ihre Fehleinschätzung können beide vielleicht gar nichts, und wir haben ja nicht zu urteilen. Aber wer sich je in sein Leben und ins Evangelium vertieft hat, der spürt bei allem Grund-Einverständnis, das ihm sagt: dein Weg ist richtig, und du bist auch auf ihm unterwegs, doch: wieviel Inkonsequentes, nicht Eingeholtes, nicht „Integriertes". Ich behaupte nun, daß dies die Selbsterfahrung der meisten interessierten Christen ist, und daß dies so gut ist.

Nur fragt sich, wie man mit dieser Erfahrung leben soll. Nicht umsonst habe ich in der Kapitelüberschrift „Wunden" und „Sünden", „Vergebung" und „Heilung" zusammengebunden. Denn so sehr dies „an sich" verschiedene Wirklichkeiten sind, so werden sie zweifellos im konkreten Lebensbefund gemeinsam vorkommen. Neben dem halben Versagen in all der halben Gutheit also die Wunden: Erfahrungen, die erschrecken, lähmend wirken oder bedrohlich empfunden werden. Belastungen durch den eigenen, früheren Lebensweg, einfach kaum behebbarer Mangel an innerer Energie, Fehler trotz guten Willens, lächerliche Kleinigkeiten, die dem Gelächter oder dem Kopfschütteln anderer Nahrung gaben, all diese verschieden tiefen Wunden mischen sich in das Panorama der eigenen Grenzen und geben ihm diese eigentümliche Färbung: Wunden und Sünden, beide oft gar nicht recht voneinander unterscheidbar. Ist das nicht alles auch ein Grund, zu fragen, wie denn dieser Befund zu deuten sei? Wie die Melancholie überwunden werden soll, die auftauchen kann, wenn sich die Frage stellt: Was ist nun aus den Möglichkeiten und den Absichten deines Lebens geworden?

Der Theologe wird, soll er dieses Befinden deuten, seine Antworten haben: den Hinweis auf die sehr wenig bekannte, doch wichtige Glaubensaussage, daß niemand ohne eigenes, besonderes Eingreifen Gottes sich zeit seines Lebens ganz von den sogenannten läßlichen Sünden freihalten kann; den Hinweis auf jene innere Unstimmigkeit, die die Theologie „Konkupiszenz" nennt, eine Tendenz, aus der eigentlich gewollten, inneren Ordnung herauszufallen, Folge jener rätselhaften, aber leider real begegnenden Erbsünde, von der der Glaube spricht. Diese Antworten allein geben keine Lösung, bieten noch nicht die Hilfe an. Aber sie sind ein Teil der Diagnose, sie helfen uns, erschrocken über uns selbst zu sein.

Der Psychologe wird auch seine Antworten haben: Traumata, neurotische Elemente, Unaufgearbeitetes, Verdrängtes. Und diese Antworten können genauso zutreffen wie die des Theologen. Beide Antwortreihen schließen einander nicht aus, verstärken und ergänzen sich eher gegenseitig. Dann gehört dieses Helldunkel faktisch zum geistlichen Weg des Christen? Dann ist es unvermeidlich? Ich meine, ja. Aber das sagt noch nichts über die Art und Weise, wie dies nun beantwortet werden muß, wie es bewältigt werden kann.

3. Bewältigung

Zunächst sind wohl zwei Antworten auszuschließen, weil sie keine Bewältigung wären. Auszuschließen ist das Nicht-Wahrhaben-Wollen, die Verdrängung. Der Mensch, der seine seelischen Kräfte dafür mobilisiert, sich und anderen klarzumachen, daß seine Fehler keine Fehler sind, weil er immer ausreichende und achtbare Gründe für alles hat, hat diese Erfahrung, genannt „Sünden und Wunden", sicher nicht bewältigt. Der Mensch, der andererseits mit diesem Helldunkel resigniert Frieden schließt, wäre jener Haltung verfallen, die in der Tradition „geistliche

Trägheit" genannt wird. Er wäre zu lahm, um sich stets neu zu bekehren, er bliebe in dem jetzigen Zustand jenes grundsätzlichen Helldunkels. Und woher weiß er, daß die Mischung der Grautöne nicht auf das Hellere hin veränderbar ist? Ein solcher Mensch geriete sogar in die Gefahr, wegen seiner falschen Ergebung und Demut in immer neue Schatten des Dunkels zu geraten. Also weder Beschönigen noch sich abfinden. Bliebe dann nicht eine entschlossene Bemühung, auf jeden Fall, und sei es mit zusammengebissenen Zähnen und mit verzerrtem Gesicht, das Dunkel beiseitezuschaffen? Ich glaube, auch dies wäre keine Lösung. Denn sie müßte nur stets neue Enttäuschung und schließlich Mutlosigkeit produzieren, und mit ihr dann eine der eben genannten beiden Fehlhaltungen. So muß es eine andere Art produktiven, positiven Umgehens mit der Hell-Dunkel-Erfahrung geben. Versuchen wir uns daran.

Als *erstes* ist die demütige Anerkenntnis fällig: Ja, es gibt in meinem Leben dieses Hell-Dunkel. Aber zu dieser Erkenntnis darf sich bei dem, der den Weg des Glaubens ehrlich gehen will, die Hoffnung gesellen, daß er trotzdem auf dem richtigen Weg ist. Daß ihm Liebe und Gleichgültigkeit, erst recht Liebe und Haß, nicht zwei reale Alternativen sind. Daß er trotz allem von Gottes Liebe her und auf Liebe zu Gott und den Menschen lebt. Der früher genannte Roberto Carlos singt ein Lied, das mir hier in den Sinn kommt. Es ist die Rückschau eines vom Leben gezeichneten Menschen, der als Fazit von sich sagen kann: „Seu um moço velho que ainda cré no amor" – „Ich bin ein alter Knabe, der noch an die Liebe glaubt": eine saloppe, aber alles entscheidende Aussage. Die Melancholie ist nicht ausgeschlossen, aber ist nicht das Beherrschende.

Zweitens kommt nun die Einforderung hinzu: „Dein Helldunkel ist nicht blindes Schicksal. Du bist angesprochen. Wenn du dich auf den Weg machst, kann anderes, und Besseres, daraus werden." Der Mut, immer wieder „sein Leben zu ordnen", wie Ignatius von Loyola das nennt, kommt aber nicht zuerst aus einem moralischen guten Willen; er nährt sich beim Christen vor allem im Blick auf Jesus, der Sünden vergeben hat, Dämonen austrieb und Kranke heilte, weil er die Liebe ist, und diese Liebe den Menschen, nicht nur seine moralische Dimension, erfaßt. Aber gerade im Blick auf den Jesus, der den glimmenden Docht nicht auslöscht und das geknickte Rohr nicht bricht, kann Mut aufkommen. Solches immer neue Ansetzen aus Glauben können wir die ständige Bekehrung nennen. Diese Bekehrung sollte sich nicht hundert moralische Einzelziele vornehmen, sondern sie sollte auf ein Einziges aus sein: auf die je größere Liebe – eine Liebe, die sich in der Übergabe an Gott, in der Anhänglichkeit an Jesus Christus und in der Herzlichkeit gegenüber den Menschen als echt erweist.

Drittens aber darf ein solcher Mensch, der sich stets neu auf den Weg macht, nüchterne Unterscheidungen versuchen. Dasjenige, was in diesem Gemenge von Licht und Schatten sein Fehler ist, sollte geändert werden. Was hingegen unausweichliche Belastung und Wunde ist, dagegen sollte man nicht anrennen, sondern es gelassen erdulden und annehmen. Es käme also darauf an zu unterscheiden, und möglichst klug zu unterscheiden.

Viertens aber darf der Christ auf dem Weg dieses ganze Helldunkel vertrauend, bittend und gelassen aus der Hand legen, vielmehr: Gott in die Hand legen. Wenn Paulus sagt, er vergesse, was hinter ihm liegt, und strecke sich aus nach dem, was vor ihm liegt (Phil 3, 13), so drückt er nicht nur eine menschlich höchst wichtige Haltung aus, die durchaus nicht leicht ist und zu der unter Umständen eigens ermuntert werden muß, besonders denen gegenüber, die sich an den Schatten ihres Lebens verdüstern. Er gibt auch im voraufgehenden Satz die Glaubensbegründung dafür: „Weil ich auch von Christus Jesus ergriffen worden bin“ (Phil 3, 12). Das Bewußtsein, so sein bisheriges Leben sehen zu dürfen, obwohl mit Paulus gilt: „Nicht, daß ich es schon ergriffen hätte ...“ (Phil 3, 13), dieses Bewußtsein kann heilend wirken. In dieser Haltung hat dann sowohl die Überzeugung Platz, daß Gott in Güte trotzdem zu uns hält (und das nennen wir mit einem etwas isolierenden Begriff: Vergebung), als auch, daß wir unsere Schatten heilen lassen und sie weg-geben können, weil Gott am Ende das Ganze unseres Lebens zu einer erfüllten Abrundung zu bringen verspricht. Wie dann – methodisch – Vergebung am besten zu suchen ist, darüber sagt die Bußpraxis der Kirche Wichtiges, nur darf über der Methodendiskussion der Blick auf das Angebot der Vergebung nicht verlorengehen; dieses ist das eigentlich Befreiende. – So können nicht nur Wunden und Sünden oft sehr nahe beieinander sein, sondern auch Vergebung und Heilung.

Der französische Liedersänger Michael Sardou hat vor zwei, drei Jahren ein Lied gesungen, das recht bekannt war – „Je viens du sud"; er singt darin von einem Mann aus dem Süden, „und auf allen Wegen werde ich dorthin zurückkehren", zum Haus am Meer, zum Friedhof mit den schief gewordenen Kreuzen, wo sein Vater begraben liegt, zu endlosen Gesprächen mit Freunden, und: „pour remettre les horloges de ma vie", um die Uhren meines Lebens wieder zu stellen.

Die Schlußszene aus einer frühen, unübersetzten Novelle des brasilianischen Romanciers Jorge Amado schildert, wie die Hauptfigur der Erzählung, ein in Europa ausgebildeter Intellektueller der Dreißigerjahre, nach einem äußeren und inneren Auf und Ab, Hin und Her eines von Exzessen, aber auch vom ständigen Grübeln nach dem Daseinssinn erfüllten Lebensabschnitt, mit dem Schiff Rio de Janeiro verläßt. Er steht an der Reeling und schaut auf die nächtliche Stadt. Er sieht die angestrahlte Christusstatue auf dem Corcovado. Plötzlich füllen bittere Tränen seine Augen, und er murmelt: „Senhor, quero ser bom, quero ser bom", „Herr ich will gut sein", oder, der Text ist offen: „Herr, ich sehne mich danach, gut zu sein."

Das ist es, was am Ende angesichts des Helldunkels in unserem Leben fällig ist: der Aufbruch und das „quero ser bom", und der Blick auf die Gestalt Jesu. Dabei werden auch immer irgendwelche Tränen sein. Sie brauchen nicht und sie sollten nicht einmal so bitter sein wie bei der Figur in unserem Beispiel. Denn es schadet der geistlichen Ehrlichkeit, sich eine Trauer oder eine Reue anquälen zu wollen, die nicht dem entspricht, was da war und von dem wir uns lösen sollen. Aber sonst gibt uns Amado, der wahrhaftig kein Schreiber erbaulicher Traktätchen ist, ein Bild für das, was das immer neue Aufbrechen aus unseren Vergangenheiten kennzeichnen könnte. – Wer sich auf diesen Weg macht, für den werden zwar die Schatten nicht zu problemlosen Lichtzonen. Aber er wird nicht vergessen, daß über seinem ganzen Leben schon Licht liegt.

13. Kapitel
Vom Reifwerden und Frommwerden

1. Erfahrungen

Unter heutigen Menschen gibt es sehr viele, die nach ihrem Selbst, nach ihrer Identität suchen. Das kann unreife Selbstverliebtheit sein und das ist auch schon, mit Recht, in manchen Fällen als Narzißmus bezeichnet worden, nach jenem bildschönen und ein wenig perversen griechischen Götterjüngling, der sich in das eigene Bild, wie es sich im Wasser spiegelte, verliebte und dem das tödlich wurde. Es gibt aber auch ein gutes, sehr menschliches und heute in einer Welt wie der unseren unabdingbares Suchen nach sich selbst. Denn in einer Zeit, in der wir auf die Frage: Wer bin ich?, oder, mit Ernst Bloch: Wer sind wir? Woher kommen wir? Wohin gehen wir? Was erwarten wir? Was erwartet uns?, in der wir hier Dutzende gegensätzlicher Antworten hören, muß gesucht werden. Also geht es um Selbstwerdung, um Identität. Es fragt sich nun, ob für denjenigen, der sein Leben als geistlichen, gläubigen, spirituellen bzw. frommen Weg auffaßt (die unterschiedlichen Worte klingen unterschiedlich vertraut, meinen aber alle das Gleiche), es fragt sich, ob ein solcher Mensch auch das Reifwerden, die Gewinnung seiner Identität als Lebensthema sehen soll; wenn ja, wie sich dann Reifwerden und Frommwerden zueinander verhalten.

2. Deutung

Als erstes stelle ich die Grundauffassung hin: Reifwerden ist auch für den Christen ein Grundthema. Dabei ist kurz zu klären, was denn damit gemeint ist. Psychologen und Autoren wie Hermann Stenger, André Liégé, Erik Erikson bieten hier wichtige Hilfen an. Der reife Mensch ist ein Mensch, der für sein Leben eine Grundrichtung gefunden hat; der nach der Zeit legitimen Suchens und Schwankens weiß, wo er hinwill; dem es in großen Zügen, wenn auch nie ohne Inkonsequenzen, gelingt, das Tägliche seines Lebens in diese Grundrichtung einzufügen.

Der reife Mensch ist ferner ein Mensch, der fähig ist zur Kommunikation, zum Miteinander. Das bedeutet, fähig sein zur Einordnung in Gemeinschaft, ohne sich aufzugeben; fähig sein zum Selbstand und auch zum Nein gegenüber der Mitwelt, wo die Lage es erfordert, ohne sich darum abzukapseln; fähig sein zu einer richtigen Verbindung von Nähe und Distanz; fähig sein zur Freundschaft. – Der reife Mensch ist außerdem ein Mensch, der seine Grenzen annimmt; das bedeutet nicht, daß er rundum mit sich zufrieden ist. Es bedeutet aber, daß er sieht, was anders werden muß, und daß er erträgt, was nicht anders werden kann. Kurz, der reife Mensch ist ein Mensch, der sich selbst annimmt und zu sich ja sagt, ohne sich absolut zu setzen. – Schließlich ist der reife Mensch ein Mensch, der um die Mängel und Rückstände seines Reifseins weiß und sich diese eingesteht.

Faßt man das Gesagte zusammen, so kann man das mit einer zunächst banal klingenden Formel Sigmund Freuds tun; dieser meinte, der psychisch gesunde Mensch sei derjenige, der arbeiten und lieben könne. Erikson hat die Formel ein wenig gedeutet, und dann wird sie bedeutsam. Man kann in ihr nämlich dies hören: Beim Menschsein geht es um den gelungenen Umgang mit der Welt der Dinge und den menschlichen Beziehungen.

Wir können unsererseits Ergebnisse der Arbeiten Eriksons, aber auch Erich Fromms so zusammenfassen, daß wir sagen: Der reife Mensch ist der liebesfähige Mensch. Hier spätestens wird schon im Wort deutlich, daß die christlich formulierte Zielsetzung für eine Menschenliebe erstaunlich nahe an solchen Erwägungen über Reife ist. Heiligkeit oder Frommwerden, oder entfaltete Spiritualität, was ist sie anderes als die je größere Liebe zu Gott und den Menschen, „o amor mayor“, von dem Roberto Carlos sang? Allerdings steht der Glaubende mit seinem Weg vor dem „größeren Gott“, dem „Deus semper maior“ des Ignatius; er glaubt an den Geist Gottes, der ihn erst in alle Wahrheit einführt. Er nimmt das konkrete Modell von Menschsein von konkreten Menschen. Er schaut sich am Leben des Herrn, seiner Mutter, maß-gebender Jünger der verschiedenen Epochen an, wie das geht, ein Christ zu werden. Reifwerden und Frommwerden sind so nicht das gleiche, aber sie hängen so eng miteinander zusammen, daß konkret das eine ohne das andere gar nicht recht zu verwirklichen ist.

Hier ist ein Einwand zu machen und zu beantworten. Der Einwand lautet: Wie steht es denn um die unreif gutwilligen Frommen, die es doch gibt? Wie steht es um die Frage nach psychischer Gesundheit und Frömmigkeit? Sind Neurotiker und halb gereifte Menschen eben deshalb Gott ferner als ein reifer Mensch? Ist ein solcher, weil er „reif“ ist, darum schon Gott näher?

Die Frage ist ernst. Eine Antwort, die schief ausfällt, würde entweder das Bemühen um ein Glaubensleben und um Frömmigkeit ins Psychische auflösen oder, umgekehrt, alles Menschliche als Frömmigkeit vereinnahmen. Die Antwort ist auch deswegen wichtig, weil es schließlich anscheinend reife Menschen gibt, die ohne Religion auskommen, mindestens im Augenblick oder über Phasen ihres Lebens hin. Und weil es die frommen Neurotiker, die neurotischen Heiligen gibt. Das sollte man nicht verhehlen: In der abenteuerlichen Geschichte christlicher Heiligkeit hat es kräftige Beimengungen des Neurotischen gegeben, Fluchten aus der Wirklichkeit, Leibfeindlichkeit, zwanghafte Selbstbestrafung, eine manchmal nur mühsam sublimierte Erotik der religiösen Gefühle und alle Grundformen der Angst vor Gott und der Welt. Ich halte es für einen sehr ernsten Gedanken, zu sagen, daß dies im Grund für uns ein Trost ist. Denn wenn die Großen des Glaubens solche Grenzen hatten, dann gibt es für uns, die wir doch in manchem unfertig, unreif oder „schief gewickelt“ sein mögen, auch Chancen des Frommwerdens trotz Reifungsmängeln. Das Problem des gelegentlichen Auseinanderdriftens von Reife und Spiritualität könnte man also zusammenfassen:

– *Erstens* gehören Reifung und Frommwerden an sich zueinander. Wer menschlich zum Vertrauen fähig ist, hat bei sonst gleicher Ausgangslage die besseren Chancen, ein glaubender, d.h. Gott vertrauender Mensch zu werden als jemand, der durch Kindheitsschocks nie dazu gelangte, sich jemand wirklich anvertrauen zu lernen.

– *Zweitens* aber gibt es das gelegentliche oder auch längere Auseinandertreten von Reife und Frömmigkeit. Die Menschen, die solches durchleben, und wir alle, dürfen zu unserem Trost wissen: Gott kann auch auf krummen Zeilen gerade schreiben. Das portugiesische Sprichwort ist kein Gag, sondern die theologische Antwort auf diesen etwas verwirrenden Befund und Einwand.

– *Drittens* aber gibt uns das kein Recht, krumme Zeilen zu ziehen, d.h. Frömmigkeit großzuschreiben und Reifung für unwichtig zu halten. Wo das geschähe, wäre es um das Frommwerden unnützerweise und unnötigerweise schlecht bestellt.

– So ist *viertens* jede Hilfe zur Reifung, die Menschen einander angedeihen lassen, eine indirekte Hilfe zum Frommwerden.

3. Folgerung

Die Folgerung aus dem Gesagten ist dann für die Praxis schnell gezogen. Es wird für alle, denen ihr christlicher Glaube heute lieb ist und denen er etwas bedeutet, die Einladung sein, gläubige, also, unzeitgemäß gesagt, fromme Menschen zu werden, indem sie sich auf den Weg machen, menschliche und, so wie es ihnen vergönnt ist, reife Menschen zu werden. Ich hoffe, daß diese Perspektive, diese Sicht und Wahl während der ganzen Gedankengänge dieses Buches durchschien und sichtbar war. So ist diese letzte Folgerung nicht ein Gedankengang nach vielen anderen, sondern die Summe unter das Ganze.

Nachklang

Eine letzte Randnotiz

Die Niederschrift der dreizehn Kapitel ist abgeschlossen und korrigiert. Heute, in der zweiten Märzhälfte, schneit es absurderweise. In der Stadt, die keinen Schnee gewohnt ist, wird es wieder ein Verkehrschaos geben. Neben den Palmen, die im Januar erfroren waren, als eine Woche lang strenger Frost herrschte, sieht es jetzt böse für die Mandelbäumchen und die Primeln aus. Die Fastenzeit ist zusammengeschmolzen, die Zeit, sie zu „nutzen", dauert nur noch etwa vierzehn Tage. Meine Abreise rückt näher. Und heute morgen fiel mir ein: wie schade, nicht doch ein paar Seiten auch über das Bittgebet geschrieben zu haben. Auch dazu, was Fürbitte ist, gibt es so schiefe, mechanische Ansichten und Praktiken. Die halbe Religion und mehr besteht für manche Menschen im ichbezogenen und manchmal magischen Bitten um irgend etwas. Auf der anderen Seite ist Bitten etwas so Menschliches, es verrät auch Vertrauen in denjenigen, an den ich mich wende, und Jesus lädt immer wieder dazu ein. Und wie kostbar ist es, wenn jemand zu mir sagt: „ich habe für dich gebetet", oder: „beten Sie für mich!" – liegt in solcher Bitte, wenn sie nicht durch Schiefheiten verzerrt ist, viel Gemeinsamkeit auch untereinander, Nähe und Wärme? Vor Jahren meinte einmal eine deutsche Ordensschwester, die auf einer kleinen indonesischen Insel in ihrer Buschklinik sicher anderes zu tun hatte als an theologischen Formeln zu basteln: Fürbitte, das sei einfach – meine Verbundenheit mit Menschen, und diese Liebe sage ich Gott. Darin steckt eine ganze und gute „Theologie der Fürbitte": hätte nicht auch ein solches Thema Platz finden müssen? Aber was wird mir übermorgen oder in einem halben Jahr einfallen? Weil das Leben nie abgeschlossen ist, das Leben, der Stoff, aus dem die Frömmigkeit ist, darum kann das Buch unabgeschlossen bleiben.

Während die Rompilger immer zahlreicher werden, mit ihrer oft einfachen, problemlosen Freude am kirchlichen Rom (einen Kardinal sehen, zur Audienz gehen, Andenken kaufen), fällt mir die krebskranke Frau ein, aus deren Reisetasche, es war vor ein paar Jahren auf der Rückreise, die geweihten Palmzweige hervorlugten. Sehr unpathetisch kam die etwa Fünfundvierzigjährige auf ihre Situation zu sprechen. Sie habe immer gern noch einmal nach Rom gewollt. Und ihre Krankheit? „Ach, man kann damit leben" – kein „erbauliches" Wort, nur die Zweige verrieten, woher sie Kraft nahm. ... Frommwerden im Alltag, das kann also offensichtlich gelingen. Se Deus quiser – wenn (und wie) Gott will.

Schlußakkord

An den Schluß möchte ich einen Text setzen, der mir persönlich viel bedeutet, obwohl sein Inhalt nicht originell und seine Sprache literarisch anspruchslos ist. Es ist ein Christuslied des genannten brasilianischen Sängers Roberto Carlos. Ich entdeckte es mitten unter Liedern von menschlicher Liebe auf der Hülle einer Schallplatte. Im Hören und Lesen merkte ich von Strophe zu Strophe, daß hier auch eine Liebe besungen wird, die das Alltägliche ausdrückt und es doch überschreitet: der Name Christi fällt erst am Schluß. Der Liedtext in meiner freien Übersetzung soll dieses Buch beschließen.

Hier bin ich, wieder auf der Suche nach jener Zuflucht,
Dem Trost jenes Freundesblicks, dem Licht meines Lebens, der Leitung.
Hier bin ich, mit soviel Ängsten und Konflikten.
Wie soviele Andere, Bedrängte, weiß ich: Du bist der Ausweg.
Hier bin ich und suche den verläßlichen Weg

Wie einer, der in der Wüste wie ein Wunder die Quelle, die Rettung braucht.
Hier bin ich, meinen Gedanken Licht zu bringen
Und meinen Leiden Linderung: Nur du, das weiß ich, bist der Ausweg.
Darum, mein Freund, wird mein Glaube immer stärker,
Auch mein Vertrauen, und überall sehe ich deinen Blick,
Deine Gegenwart, und im Gebet erhebe ich meine Gedanken.
Christus, mein Freund, dein Licht zeigt mir die Richtung, in die ich gehen muß.
Du bist die Wahrheit, bist alles, Weg und Leben.
Nur du, so weiß ich, bist der Ausweg.

Zum Weiterlesen

Boff, Leonardo: Kleine Sakramentenlehre. 4. Aufl. Düsseldorf 1980.
–: Erfahrung von Gnade. Düsseldorf 1978.
–: Was kommt nachher? Das Leben nach dem Tode. Salzburg 1982.
Erikson, Erik: Identität und Lebenszyklus. Frankfurt 1976.
Fromm, Erich: Haben oder Sein. Die seelischen Grundlagen einer neuen Gesellschaft. Stuttgart 1976.
Hemmerle, Klaus: Glauben – wie geht das? 5. Aufl. Freiburg 1981.
Lippert, Peter: Kirche – Minderheit ohne Hoffnung? Stuttgart 1969.
–: Wer sein Leben retten will ... Mainz 1978.
Lohfink, Gerhard: Der Tod ist nicht das letzte Wort. 10. Aufl. Freiburg 1983.
Rahner, Karl: Im Heute glauben. 5. Aufl. Einsiedeln 1972.
–: Von der Not und dem Segen des Gebetes. 2. Aufl. Freiburg 1980.
–: Alltägliche Dinge. 10. Aufl. Einsiedeln 1980.
–: Glaube als Mut. Einsiedeln 1976.
–: Was heißt Jesus lieben? Freiburg 1982.
Ratzinger, Joseph / Lehmann, Karl: Mit der Kirche leben. 4. Aufl. Freiburg 1977.
Schilling, Othmar: Israels Lieder – Gebete der Kirche. Stuttgart 1966.
Scholl, Norbert: Kleine Psychoanalyse christlicher Glaubenspraxis. München 1980.
Stenger, Hermann: Der Glaube im Werden. Freiburg 1966.
Westermann, Claus: Lob und Klage in den Psalmen. 6. Aufl. Göttingen 1983.

Waltraud Herbstrith

Von Gott beschenkt

Ursprünge geistlichen Lebens

Antworten auf die Frage nach dem Sinn des Lebens – spirituelle und zugleich konkrete Hilfen für ein vertieftes Leben aus dem Glauben

„Ein spirituelles Glaubensbuch, das Wege aufzeigt zu sinnerfülltem Leben. Mit Hilfe geistlicher Schrifterschließungen und Besinnungen und der Weitergabe traditioneller Glaubens- und Lebenserfahrung vermittelt W. Herbstrith dem Leser die Gewißheit, angenommen, mit Gottes Gnade beschenkt zu sein."

St. Antoniusblatt

„Ein Buch, das ein positives Gottesbild vermittelt und Hoffnung weckt."

Zeichen der Liebe

128 Seiten, Paperback. ISBN 3-451-20089-9

Verlag Herder Freiburg · Basel · Wien